VBA DE EXCEL

La Guía definitiva para principiantes para aprender la programación de VBA paso a paso

David A. Williams

TABLE OF CONTENTS

Introducción

La mayoría de las personas usan Microsoft Excel en el trabajo, y a menudo realizan tareas repetitivas. VBA de Excel es una herramienta extremadamente útil, ya que le ayudará a automatizar tareas mundanas como copiar datos. Para ello, deberá crear una función que reduzca el trabajo manual aumentando así la productividad. Cuando aprenda a usar VBA, puede aprender a manipular y personalizar los datos en una hoja de Excel. Este libro cubre información básica sobre VBA, incluidos los diferentes tipos de datos y variables que puede usar para automatizar procesos y funciones.

Este libro lo llevará a través de algunos conceptos básicos de VBA y lo ayudará a dominar la programación en Excel VBA. También aprenderá a obtener datos en Excel de una hoja de trabajo o libro de trabajo a otro sin tener que abrir los archivos. Puede utilizar estas instrucciones para facilitar la realización de tareas iterativas. Si desea entender cómo puede usar VBA para mejorar los procesos en los que trabaja, ha llegado al lugar correcto. Este libro también le ayudará a obtener más información sobre cómo puede manipular cadenas y manejar cualquier error.

Se han dado muchos ejemplos en todo el libro que le ayudarán a aprender mejor los conceptos. Debe practicar estos ejemplos antes de escribir cualquier código nuevo. También puede utilizar los ejemplos del libro como base para escribir programas más grandes.

Espero que hayas reunido toda la información que estabas buscando.

CAPÍTULO 1

¿Qué Puede Hacer Con VBA?

VBA o Visual Basic para Aplicaciones es una combinación de Aplicaciones de Microsoft Office y Visual Basic que es un lenguaje de programación basado en eventos desarrollado por Microsoft. VBA le permite automatizar numerosas actividades en cualquier aplicación de Microsoft mediante una macro. Esto ayuda a un usuario a ahorrar el tiempo que dedica a realizar actividades repetitivas.

Las personas usan VBA de Excel por varias razones, incluyendo las siguientes:

- Creación de listas

- Creación de formularios y facturas

- Análisis de datos

- Desarrollo de diagramas y gráficos utilizando datos

- Previsión y presupuesto

Hay muchas otras tareas que uno puede realizar usando Excel, pero estoy seguro de que entiende lo que estoy diciendo. En palabras simples, uno puede usar Excel para realizar diferentes tareas, ya que puede automatizar cualquier función en Excel usando VBA. Por ejemplo, es posible que desee desarrollar o crear un programa que pueda utilizar para extraer o importar algunos números o datos y, a continuación, dar formato a esos datos para ayudarle a imprimir un informe. Al desarrollar el código, puede asignar el código o la macro a un botón o un comando. Esto le ayudará a completar la tarea en unos minutos en lugar de una hora.

Usos comunes de VBA

Hay muchas razones por las que la mayoría de las empresas y organizaciones usan VBA en el trabajo. Es importante recordar que le llevará algún tiempo escribir el código para automatizar cualquier proceso. Por lo tanto, tendrá que tomarse un tiempo fuera de su apretada agenda y ver lo que puede hacer con VBA. En esta sección se tratan algunos de los procesos comunes para los que la mayoría de las personas usan VBA.

Automatización de documentos

La mayoría de las personas odian tener que preparar un documento, y es peor cuando los documentos que están preparados tienen el mismo contenido o información que debe enviarse a muchas personas. En tales casos, se puede usar el complemento Combinar correspondencia en Excel. Este complemento se utiliza para automatizar un documento o una carta. Recuerde que no puede utilizar esta opción si necesita escribir correos electrónicos o documentos individuales. Si necesita escribir documentos individuales, puede usar VBA para ayudarlo a crear un formulario que incluya la información necesaria. También puede incluir algunas casillas de verificación que un usuario puede elegir para crear o escribir un documento.

El procesamiento de palabras es solo una de las muchas tareas que puede automatizar con VBA. También puede escribir diferentes macros o programas para ayudarle a automatizar algunas funciones en una hoja de cálculo. Por ejemplo, puede extraer datos o información de Internet en una hoja de cálculo simplemente haciendo clic en un botón. Esto le ayudará a reducir el tiempo que dedica a copiar la información de Internet y pegarla en la hoja de cálculo en el formato requerido.

Personalización de interfaces de aplicación

Algunas características de una aplicación no tienen necesariamente que hacer su trabajo más fácil para usted, y estas características se pueden desactivar. No puede desactivar estas funciones si necesita usarlas ocasionalmente para trabajar. Por lo tanto, en lugar de deshabilitar esta característica, puede escribir un código en VBA que le permitirá acceder solo a las características que usa para su trabajo. Por ejemplo, puede escribir un programa en VBA si hay algunas funciones adicionales, como el formato condicional, que necesitará incluir en su hoja de trabajo.

Siempre puede cambiar la interfaz de una aplicación para que pueda funcionar mejor para usted. Puede personalizar los sistemas de menú y las barras de herramientas, y también puede cambiar el funcionamiento de algunos elementos en la interfaz si desea mejorar el aspecto de la aplicación. Usted puede también utilizar las interfaces múltiples si usted quiere conmutar entre diversas interfaces.

Uno de los usos más comunes de VBA es mejorar la velocidad de cálculo. Puede realizar numerosos cálculos en pocos segundos. También puede crear ecuaciones, gráficos y funciones utilizando los datos de una hoja de trabajo o libro de trabajo. Habrá una necesidad de hacer cambios o modificaciones en los datos en la hoja de trabajo o libro de trabajo, y cubriremos estos conceptos un poco más adelante en el libro. Si hay algunas ecuaciones complicadas en su libro de trabajo u hoja de trabajo, puede usar VBA para crear un código que simplifique ese proceso. Hay algunas funciones iterativas que puede utilizar para realizar estos cálculos.

Hay casos en los que los números que se obtienen a través de algunos cálculos no tendrán demasiado sentido. Solo podrás usar el número una vez que alguien haya decidido qué hacer con él. Si estas decisiones son repetitivas, puede usar VBA para escribir un programa que decidirá qué hacer con el número mientras juega Corazones en su computadora portátil.

Adición de nuevas características de la aplicación

Muchos proveedores y desarrolladores nunca usan las aplicaciones que crean. Por lo tanto, estas aplicaciones a menudo no están actualizadas. Puede ajustar esas aplicaciones o desarrollar nuevas aplicaciones con VBA. Puede utilizar estas nuevas aplicaciones para completar su trabajo en pocos minutos o menos. Esto sin duda impresionará a su jefe, y probablemente podría conducir a un ascenso.

CAPÍTULO 2

Partes del Programa

Debe seguir una estructura y sintaxis específicas al escribir un programa en VBA. Esto ayudará al depurador a comprender lo que el código está intentando lograr. Este capítulo le ayudará a comprender los elementos estructurales de un programa.

Definición de las partes de un programa

Un programa contiene todos los elementos necesarios para completar una tarea específica. Los programas pueden cruzar módulos, módulos de clases y también crear límites. La idea de un programa surgió cuando las computadoras se utilizaron por primera vez. Los programas son contenedores que contienen código específico que se usa para implementar algunas características o realizar algunas tareas que el usuario o un sistema operativo debe realizar. Las personas a menudo tienen dificultades para entender lo que es un programa, ya que la mayoría de los paquetes de software lo definen incorrectamente. Al crear o crear un nuevo proyecto, no está desarrollando un nuevo programa. Es importante recordar que un proyecto VBA puede incluir varios programas.

Bloques de programación

Cada programa, incluido un programa VBA, consta de algunos bloques de creación. Dado que la programación es un concepto abstracto, la mayoría de las personas utilizan ejemplos físicos para explicar cómo funcionan las cosas. Necesitará saber cuáles son los elementos abstractos en un programa VBA, ya que no puede escribir un programa de lo contrario. Esta sección enumerará los diferentes elementos de un programa VBA.

Proyecto

Un proyecto se utiliza para contener los diferentes módulos de clase, formularios y módulos para un libro específico. Cuando se trata de Excel, un usuario solo puede ver el proyecto del libro que está abierto actualmente.

Módulo, módulo de clase y formularios

Estos elementos contienen las partes principales del programa, incluidos los procedimientos y las descripciones de clases. Un proyecto puede tener varios formularios, módulos y módulos de clase, y cada uno de ellos debe tener un nombre diferente.

Función y Sub

La función y los subelementos de un programa VBA contendrán todas las líneas de código individuales. Functions siempre devolverá el valor que requiere cualquier usuario, pero un sub no realiza esa acción. Por lo tanto, es importante que permita que el editor de VBA acceda a un programa específico mediante un Sub.

Declaración

La mayoría de los desarrolladores y expertos llaman a una línea de código una instrucción.

Uso de la grabadora de macros

Una grabadora de macros le permitirá grabar todas las pulsaciones de teclas y acciones que realizará cuando use VBA en Excel. Recuerde que esto también registrará las pulsaciones de teclas incorrectas también. Esta herramienta se utiliza a menudo para grabar cualquier tarea como resaltar texto o usar filtros.

Se puede utilizar una grabadora de macros para realizar las siguientes tareas:

- Descubra cómo Word realiza ciertas tareas.

- Cree una macro basada en sus acciones.

- Ayudarle a crear la base para un programa más complejo.

- Decida cómo dividir el programa en tareas.

Una grabadora de macros no escribe el código para usted en VBA. Por ejemplo, no puede utilizar una grabadora de macros para crear un programa sin escribir código adicional. Esto se mantiene para los programas que requieren la entrada del usuario o para los programas que dependen del entorno y los datos que utilice. Para estas tareas, necesitará agregar más código, pero es una buena manera de empezar a desarrollar un programa. Siempre puede obtener los conceptos básicos del conjunto de programas mediante el uso de una grabadora de macros.

- Inicie la Grabadora de macros.

- Realice todos los pasos que normalmente realiza para realizar una tarea.

- Detenga la grabadora de macros.

- Guarde la macro cuando la aplicación de Office se lo solicite.

- Opcionalmente, abra la macro resultante y realice los cambios necesarios.

Veremos una grabadora macro con más detalle más adelante en el libro.

Uso de Subs

Puede reducir la complejidad o el tamaño del código mediante un sub. Se trata de un método de empaquetado que está presente en un cuadro de diálogo Macro. Siempre tendrá que utilizar un sub para comenzar el programa a menos que el programa que está escribiendo sea para un propósito diferente. También puede utilizar un sub al escribir programas que realizarán tareas específicas y no devolverán ningún valor. Los subs también se pueden utilizar para mostrar cierta información, y se puede utilizar para realizar diferentes tareas. Es importante recordar que un sub nunca puede devolver ningún valor. Sin embargo, puede utilizar argumentos como una forma de modificar la información de una función mediante un Sub. Como alternativa, puede utilizar variables globales. Un sub se puede utilizar para dividir un código complejo o grande en segmentos o secciones más pequeños, lo que facilitará que usted y cualquier otro usuario entiendan mejor el código.

Uso de Funciones

Una vez que haya trabajado extensamente con el procedimiento Sub, puede evitar el uso de una función. Recuerde que no puede resolver cada problema o automatizar cada proceso utilizando un sub. Tendrá que utilizar Function para diferentes problemas en comparación con un Sub. Por ejemplo, tendrá que usar una función si desea devolver algún valor al usuario después de realizar algunos cálculos. Un sub, por otro lado, se utiliza cuando se desea acceder a cualquier código externo.

Una función siempre devuelve un valor, lo que lo hace diferente de un Sub. Es por esta razón que la mayoría de los programadores escriben funciones para evitar escribir código repetitivo. Para procesar una lista de nombres, puede crear una función para procesar cada nombre individualmente y, a continuación, llamar a esa función una vez para cada nombre. La función puede proporcionar la información procesada como un valor devuelto. Veremos cómo podemos usar bucles para escribir código repetitivo.

También puede utilizar una función para el código público que no desea enumerar en el cuadro de diálogo Macro. Normalmente no se muestra una función en el cuadro de diálogo Macro: este cuadro de diálogo normalmente solo muestra Subs.

Comentarios

Siempre es una buena idea incluir comentarios en el código para ayudar a cualquier usuario, incluyéndote a ti mismo, a entender el propósito detrás del código.

Escribir comentarios básicos

Los comentarios se pueden escribir de diferentes maneras. Algunos programadores escriben pseudo-comentarios contra bloques de código ya que esta es una de las formas más fáciles de usar un comentario. Los desarrolladores siempre agregan comentarios a cualquier programa que están escribiendo, ya que proporcionará a un usuario una comprensión de por qué se escribió una línea de código específica. Estos comentarios también proporcionan cierta información sobre las actualizaciones realizadas en el programa. Esto es cuando un desarrollador comienza a escribir mejores programas.

El comentario más importante que debe incluir en su código es por qué está escribiendo el programa. Es importante explicar a otros usuarios por qué su programa fue escrito de una manera específica.

Nunca debe dejar comentarios vagos, ya que eso no ayudará a un usuario a entender por qué eligió el método que hizo para escribir el código. Estos comentarios también le ayudarán cuando decida actualizar el código que ha escrito. Con los comentarios, también puede comprender por qué debe actualizar el código.

Un buen programador siempre debe incluir los errores que cometieron al escribir el código. Esto ayudará a otro programador a entender lo que debe evitar hacer para mejorar su código. Estos comentarios también le ayudarán cuando elija actualizar el programa que ha escrito.

Saber cuándo usar los comentarios

Siempre es una buena idea usar comentarios donde quiera que creas que deberías incluirlos. Es una tarea difícil incluir un comentario y escribirlo en la ventana de código, pero siempre es bueno hacerlo para explicar cuál es el propósito del programa. Te llevará algún tiempo escribir un buen comentario, y también puede ser difícil ya que puedes preguntarte por qué escribiste el programa de una manera específica. Si no tiene un buen número de comentarios en su programa, es posible que no pueda actualizarlo ya que no tiene idea de cuál es el propósito de una función. Llegará un momento en el que tendrá que escribir el código desde cero porque no tiene idea de lo que estaba intentando hacer.

Escribir buenos comentarios

Se dice que un comentario es bueno si algún usuario puede entender lo que significa. Siempre debe evitar el uso de la jerga y explicar la función de la instrucción en términos simples. Si desea explicar cada línea de código, puede hacerlo ya que ayudará a otro usuario a entender por qué eligió actuar de una manera específica.

CAPÍTULO 3

Fundamentos de VBA

VBA es un entorno de programación visual. Es decir, verá cómo se verá el programa antes de ejecutarlo. Su editor es muy visual, utilizando varias ventanas para hacer su experiencia de programación fácil y manejable. Notará ligeras diferencias en la apariencia del editor cuando lo utilice con Vista en comparación con las versiones anteriores o más recientes de Windows. Independientemente de la versión de Windows que use o del producto de Office que use, el Editor de Visual Basic tiene la misma apariencia, la misma funcionalidad y los mismos elementos.

El IDE es como un procesador de textos, un formulario de base de datos o una hoja de cálculo. El IDE, como cualquier otro editor de aplicaciones, tiene características especiales que facilitan el trabajo con datos. Aparte de eso, el IDE también se puede utilizar para escribir instrucciones especiales que ayudan con la manipulación y el análisis de datos. VBA seguirá las instrucciones del programa. El IDE en VBA consta de una barra de herramientas, sistema de menús, una ventana Propiedades, una ventana del Explorador de proyectos y una ventana Código. A continuación se muestra un resumen de lo que contiene cada ventana.

Explorador de proyectos

Esta ventana proporciona una lista de los elementos u objetos que se encuentran en el proyecto. Estos elementos contienen los elementos de documento que están presentes en un único archivo. Esta aplicación existe dentro de un archivo, que verá en la ventana Explorador de proyectos.

Propiedades

Al seleccionar un objeto, la ventana Propiedades le proporcionará toda la información que necesita sobre ese objeto. Por ejemplo, esta ventana le indicará si el objeto está vacío o si hay algunas palabras en él.

Código

Eventualmente, tendrá que escribir código, lo que hará que la aplicación funcione. Esta ventana contendrá las palabras especiales que le dirán al editor lo que tiene que hacer. Este espacio es análogo a una lista de tareas pendientes o a un algoritmo.

Mirando el cuadro de herramientas de VBA

No tendrá que escribir un programa para cada tarea que desee que Excel realice. El IDE también le permite usar formularios, que son similares a los formularios que utiliza para realizar diferentes tareas. En el caso de VBA, decidirá lo que debe aparecer en el formulario y también decidirá cómo debe actuar el formulario cuando un usuario introduce algunos datos en el formulario. VBA le permite usar la caja de herramientas para crear un formulario. Esta caja de herramientas contiene controles utilizados para crear formularios.

Cada botón de Toolbox realiza una tarea única. Por ejemplo, al hacer clic en un botón, puede aparecer un cuadro de texto en la pantalla. Si hace clic en otro botón, puede tener lugar una operación matemática.

Inicio del Editor de Visual Basic

Se puede iniciar el Editor de Visual Basic de diferentes maneras dependiendo de la aplicación que esté utilizando. Las versiones más recientes del producto de Office usan un enfoque diferente en comparación con las versiones anteriores.

- Paso 1: Vaya a la opción "Ver" en la barra de herramientas.

- Paso 2: En la lista desplegable, seleccione "Grabar macro."

- Paso 3: La interfaz se abrirá, y puede comenzar a escribir el código para la hoja de trabajo en la que se encuentra.

Uso del Explorador de proyectos

El Explorador de proyectos aparecerá en la ventana Explorador de proyectos y puede usarlo para interactuar con diferentes objetos que componen el proyecto. Cada proyecto es un archivo individual que puede utilizar para mantener su programa o al menos algunas partes de él. Este proyecto residirá en el documento de Office, que está utilizando. Por lo tanto, al abrir el documento, también se abre el proyecto. Veremos cómo los programas y proyectos interactúan entre sí en capítulos posteriores. El Explorador de proyectos funciona como el panel izquierdo en el Explorador de Windows.

El Explorador de proyectos enumera los diferentes objetos que está utilizando en el proyecto. Estos objetos dependen del tipo de aplicación con la que esté trabajando. Por ejemplo, si está trabajando con Word, verá documentos y plantillas de documentos. Del mismo modo, si está trabajando con Excel, se encontrará con diferentes libros de trabajo y hojas de trabajo. Independientemente del tipo de aplicación con la que trabaje, el Explorador de proyectos se usará de la misma manera.

Un proyecto puede contener módulos, módulos de clase y formularios. Veamos la descripción de estos objetos:

- Formularios Estos contienen algunos elementos de la interfaz de usuario que le permiten interactuar con un usuario y recopilar la información necesaria.

- Módulos: contienen las partes no visuales del código o la aplicación. Por ejemplo, puede utilizar un módulo para almacenar algunos cálculos.

- Módulos de clase: contienen objetos que desea desarrollar y puede usar un módulo de clase para crear nuevos tipos de datos.

Trabajar con entradas especiales

A veces puede ver algunas entradas especiales en el Explorador de proyectos. Por ejemplo, cuando trabaje en un documento de Word, verá una carpeta Referencias que contendrá las referencias que hace el documento de Word. Contiene una lista de plantillas que el documento utiliza para dar formato a los datos del documento.

En muchos casos, no puede modificar ni manipular los objetos de las carpetas. Este es el caso cuando los objetos de documento de Word utilizan una carpeta Reference. Esta carpeta solo está disponible para proporcionar información. Si desea modificar o desarrollar una plantilla a la que se hace referencia, debe buscar el objeto en la ventana Explorador de proyectos. No discutiremos estos conceptos en el libro ya que no se trabaja con estos a menudo.

Uso de la ventana de propiedades

La mayoría de los objetos que seleccione en el IDE en VBA siempre tienen propiedades que describen los objetos de una manera específica. La sección "Los valores de propiedad están arriba" habla sobre las propiedades con las que no ha trabajado antes. La siguiente sección proporcionará más información acerca de la ventana Propiedades.

Comprender los tipos de propiedad

Una propiedad siempre describirá el objeto. Cuando mire un objeto, asumirá algo sobre el producto dependiendo de si el objeto es rojo, amarillo o verde. De la misma manera, cada objeto VBA tiene un tipo específico. Uno de los tipos más comunes es el texto. La propiedad de cada formulario es texto y este texto aparece en la parte superior o inferior del formulario cuando un usuario lo abre. Otro tipo de propiedad común es un valor booleano.

Obtener ayuda con las propiedades

No espere memorizar cada propiedad de cada objeto que las aplicaciones VBA pueden crear. Los propios expertos no pueden recordar las propiedades de los objetos en diferentes aplicaciones VBA. Si desea obtener más información sobre un objeto o propiedad específico, seleccione la propiedad y presione F1. VBA mostrará una ventana de Ayuda que describirá las funciones o las propiedades del objeto.

Uso de la ventana Código

La ventana de código es el espacio donde escribirá el código para la aplicación. Esta ventana funciona como cualquier otro editor de texto que haya utilizado, excepto que escriba según la sintaxis. Al abrir la ventana Código, no podrá ver las ventanas Explorador de proyectos y Propiedades. Puede mostrar la ventana del Explorador de proyectos y la propiedad siguiendo la ruta de acceso: Ver -> Explorador de proyectos y Ver ->Propiedades ventana comandos.

Abrir una ventana de código existente

A veces no tendrá tiempo para completar el código de una aplicación y tendrá que trabajar en él más tarde. Debe buscar el módulo que desea usar en el Explorador de proyectos y hacer clic en ello. Esto abrirá una ventana de código existente. Haga doble clic en el nombre del módulo que desea introducir. Verá el código en la ventana IDE. Esta ventana de código también aparecerá cuando desee realizar una variedad de tareas.

Creación de una nueva ventana Código

Cuando desee desarrollar un nuevo módulo en un documento o plantilla existente, debe abrir una nueva ventana de código mediante la siguiente ruta de acceso: Insertar -> Módulo o Insertar -> Comando Módulo de clase. Una vez que guarde este módulo o módulo de clase, siempre estará en el Explorador de proyectos con todos los demás módulos que se encuentra en el proyecto.

Es más fácil ejecutar una línea de código a la vez para entender dónde puede haber cometido un error. Puede hacerlo mediante la ventana Inmediato. Siempre encontrará esta ventana en la parte inferior del IDE y no contendrá ninguna información hasta que escriba algo en ella.

Un desarrollador pasa mucho tiempo usando la ventana inmediata para comprobar si hay algún error en las aplicaciones que están desarrollando. Puede usar la ventana inmediata para comprobar con VBA si la función que ha escrito produce el valor requerido. Para probar esta característica, escriba String1 á "Hola mundo" en la ventana Inmediato y, a continuación, presione ENTRAR. Ahora escriba '? String1' y, a continuación, pulse Intro. Aquí, ha pedido al editor que cree una variable llamada String1 y le asigne un valor de Hola mundo. Puede utilizar el operador '?' para comprobar el valor asignado a la variable String1.

CAPÍTULO 4

VBA, Un Primer

Productos de Microsoft Office como PowerPoint, Word, Outlook, FrontPage, Visio, Access, Project, Excel y algunos otros programas de terceros admiten VBA. Si tiene Microsoft Office en su dispositivo, tiene VBA. VBA funciona de forma similar en todos los productos de Microsoft, excepto en Access. Las diferencias solo se relacionan con los objetos específicos de cada aplicación. Por ejemplo, si está utilizando un objeto de hoja de cálculo, solo puede usarlo en Excel. VBA se basa actualmente en VB 6.0, pero existe la posibilidad de que las futuras versiones migren hacia .net.

El enfoque de este libro es cómo puede usar VBA en Excel. VBA mejora el uso de Excel al proporcionar características valiosas que no encontrará con las fórmulas de Excel.

Grabadora de macros

Puede escribir macros en VBA de la misma manera que escribiría código en VB. Los conceptos de estructuras, variables, expresiones, subprocedimientos, etc. son los mismos para VB y VBA. El problema con VBA es que tendrá que hacer referencia a cada objeto para el que está escribiendo código. Por ejemplo, si estaba escribiendo código para una celda específica en una hoja de cálculo, tendrá que hacer referencia a esa celda específica en el código. A menudo no es consciente de cuáles son los nombres de estos objetos y los atributos que puede controlar. La grabadora de macros resuelve este problema.

La grabadora de macros le ayuda a desarrollar una nueva macro en Excel rápida y fácilmente. Debe iniciar la grabadora y realizar las acciones necesarias. La grabadora de macros escribirá el código para usted. Alternativamente, también puede ejecutar el editor VBA, que le permitirá insertar un nuevo módulo. Esto le dará una hoja en blanco en la que puede escribir su macro. Si ya ha escrito la macro, no tiene que insertar un nuevo módulo. Solo tendrá que agregar código a un módulo existente.

Tendrá que realizar algunos cambios en el código escrito por la grabadora de macros. Esto es importante hacer cuando necesite cambiar las referencias de celda de absoluta a relativa o cuando necesite el formulario de usuario para interactuar con el usuario. Si ha leído la versión anterior del libro, estará familiarizado con VBA en Excel y algunas de las sintaxis y estructuras. Además, debe comprender las diferencias entre el direccionamiento relativo y absoluto.

VBA es diferente de VB en el sentido de que no es un lenguaje independiente. VBA solo puede ejecutarse a través de otro producto. Por ejemplo, cada aplicación VBA que escriba en Excel solo se puede ejecutar en Excel. Esto significa que tendrá que ejecutar Excel y, a continuación, cargar la macro después de lo cual el compilador ejecutará la macro. Todas las aplicaciones VBA se almacenan en la hoja de cálculo en la que se escribieron. También puede almacenar la aplicación VBA de una manera que le permitirá hacer referencia a ellos en otras hojas de trabajo o libros de trabajo.

Cuando la aplicación se carga en Excel, puede invocar la aplicación de muchas maneras. Echemos un vistazo a algunas maneras de ejecutar la macro:

1. Puede asignar una clave a la macro al grabar la macro. A continuación, puede invocar la macro pulsando Ctrl- "tecla." Si la tecla es "a", el acceso directo será Ctrl+a. Debe recordar que el acceso directo de macro reemplazará el significado predeterminado de Ctrl+un acceso directo. También debe tener en cuenta que Ctrl/a y Ctrl/A son diferentes.

2. Puede incluir un objeto o un botón en la hoja de cálculo para llamar a la macro. Vaya a la ventana Formularios utilizando la ruta Menú->Ver->Barras de herramientas->Formularios y seleccione el botón de comando. Ahora, dibuja el botón en la hoja de cálculo. Elija la macro que desea vincular al botón cuando se abra el cuadro de diálogo o la solicitud. También puede incluir imágenes y otros objetos y asignarles macros.

3. Seleccione la macro en el menú y ejecútela. Vaya a la sección Macros utilizando la siguiente ruta Menú->Herramientas->Macro->Macros y elija la macro que desea ejecutar.

4. También puede usar el editor VBA para ejecutar la macro. Puede hacer clic en el botón Ejecutar para ejecutar la macro o pasar por cada línea del código mientras se le da tiempo para depurar el código. Al depurar el código, debe mover el editor VBA a un panel adyacente a la hoja de cálculo y ejecutar el código para ver lo que está sucediendo.

Si elige nombrar una macro "Sub Auto_Open()", esta macro se ejecutará al cargar o abrir la hoja de cálculo. Esto solo sucederá si ha habilitado macros.

Como se mencionó en el capítulo anterior, la grabadora de macros es una herramienta importante y útil en Excel. Esta herramienta registrará cada acción que realice en Excel. Solo necesita grabar una tarea una vez utilizando el grabador de macros, y puede ejecutar esa misma tarea un millón de veces haciendo clic en un botón. Si no sabe cómo programar una tarea específica en Excel, puede usar la Grabadora de macros para ayudarle a entender lo que necesita hacer. A continuación, puede abrir el Editor de Visual Basic una vez que haya grabado la tarea para ver cómo puede programarla.

No puede realizar muchas tareas cuando se utiliza la Grabadora de macros. Por ejemplo, no puede utilizar el grabador de macros para recorrer los datos en bucle. La grabadora de macros también utiliza más código del que necesita, lo que ralentizará el proceso.

Grabar una macro

- Vaya a la barra de menús y mueva la pestaña Desarrollador y haga clic en el botón Grabar la macro.

- Introduzca el nombre de la macro.

- Elija el libro de trabajo donde desea usar la macro. Esto significa que la macro solo se puede usar en el libro actual.

- Si almacena la macro en un libro de trabajo de macro personal, puede acceder a la macro en todos los libros de trabajo. Esto es sólo porque Excel almacena la macro en un libro oculto, que se abrirá automáticamente cuando se inicie. Si almacena la macro en un libro nuevo, puede usar la macro solo en el libro abierto.

- Haga clic en Aceptar.

- Ahora, haga clic derecho en la celda activa en la hoja de trabajo. Asegúrese de no seleccionar ninguna otra celda. Haga clic en formatear celdas.

- Seleccione el porcentaje.

- Haga clic en Aceptar.

- Ahora, seleccione la parada de grabación.

21

Ha grabado correctamente la macro utilizando la grabadora de macros.

Ejecutar la macro grabada

Ahora tendrá que probar la macro y ver si puede cambiar el formato de los números al porcentaje.

- Introduzca los números entre 0 y 1 en la hoja de cálculo.

- Seleccione los números.

- Vaya a la pestaña Desarrollador y haga clic en Macros.

- Ahora haga clic en Ejecutar.

Ver la macro

Si desea ver la macro, debe abrir el Editor de Visual Basic.

La macro, llamada Módulo 1, se coloca en un módulo. El código que se coloca en el módulo siempre está disponible para el libro completo. Esto significa que puede cambiar el formato de los números de todas las hojas del libro de trabajo. Si asigna una macro al botón de comando, debe recordar que la macro solo estará disponible para esa hoja específica.

Seguridad y macro almacenamiento

Para cada aplicación de Microsoft Office, hay tres niveles de seguridad para macros. El nivel de seguridad de la macro siempre se establece en alto de forma predeterminada. Para cambiar la seguridad de la macro, vaya a la pestaña de seguridad y realice su selección. Vaya a Menú->Herramientas->Ficha Seguridad->Seguridad de macros.

Los tres niveles de seguridad para macros son:

1. Alto: las macros firmadas por un origen de confianza se ejecutarán en Excel. Si hay alguna macro sin firmar, se deshabilitará automáticamente.

2. Medio: Esta es la configuración recomendada, ya que puede optar por habilitar o deshabilitar una macro.

3. Bajo: esto no se recomienda ya que las macros se cargan en el libro sin notificar al usuario.

Si sabe que va a utilizar macros, debe establecer la seguridad de las macros en medio. Al cargar la hoja de cálculo, Excel le preguntará si desea habilitar o deshabilitar una macro. Si sabe que una hoja específica contiene una macro y sabe quién la escribió, puede habilitarla.

Dado que algunas macros están configuradas para ejecutarse al abrir una hoja de cálculo, no es posible que siempre tenga la oportunidad de examinar la macro antes de habilitarla. Es importante recordar que un virus de Macro de Excel es muy raro. Esto se debe a que una macro solo está disponible en la hoja de cálculo donde se escribió. Las macros siempre se almacenan en el libro de trabajo de forma predeterminada y cada vez que se carga el libro y se cargan las macros.

Al crear una macro por primera vez, puede decidir dónde almacenar la macro. Las mejores opciones son:

1. Este libro de trabajo: la macro se almacena en la hoja de cálculo donde se escribe. Cualquier persona que tenga acceso a la hoja de trabajo puede acceder a la macro.

2. Libro de macros personal: todas las macros de su PC se almacenan en este libro de trabajo. Solo cuando copie la

macro y la guarde con la hoja de cálculo, otros podrán ver la macro.

Puede usar el editor de VBA para ver dónde se almacenan las macros. La ventana Explorador de proyectos, en la parte superior izquierda de la pantalla, muestra dónde se colocan los archivos y su jerarquía. Puede utilizar el Explorador para ver, mover, copiar o eliminar una macro.

Cómo agregar una ubicación de confianza

Como se mencionó anteriormente, puede guardar los libros de trabajo con macros en una carpeta que marque como una ubicación de confianza. Si guarda un libro de trabajo en esa carpeta, las macros siempre se habilitarán. Los desarrolladores sugieren que siempre debe tener una ubicación de confianza en su disco duro. Recuerde que nunca puede confiar en la ubicación de una unidad de red.

Si desea especificar una ubicación de confianza, debe seguir los pasos que se indican a continuación:

1. Vaya a la pestaña Desarrollador y haga clic en Seguridad de macros.

2. Vaya al panel de navegación izquierdo en el Centro de confianza y elija Ubicación de confianza.

3. Si desea guardar el archivo en una unidad de red, debe agregar esa ubicación en las ubicaciones de confianza.

4. Vaya a "Mis redes" en el cuadro de diálogo Ubicación de confianza y haga clic en el botón 'Agregar nueva ubicación'.

5. Verá la lista de Ubicaciones de confianza en un cuadro de diálogo.

6. Ahora haga clic en el botón Examinar y vaya a la carpeta principal de la carpeta en la que desea crear una ubicación de

confianza. Ahora haga clic en la carpeta de confianza. No encontrará el nombre de la carpeta en el cuadro de texto, pero haga clic en Aceptar. El nombre correcto aparecerá en el cuadro de diálogo Examinar.

7. Si desea incluir las subcarpetas en la carpeta seleccionada, debe seleccionar el botón de opción en la opción 'Las subcarpetas de esta ubicación también son de confianza'.

8. Ahora, haga clic en Aceptar para agregar la carpeta a la lista.

Cómo habilitar macros fuera de una ubicación de confianza

Cuando no guarda un libro de Excel en una ubicación de confianza, Excel siempre se basará en la configuración de la macro. En Excel 2003, una macro podría tener una seguridad baja, media, alta o muy alta. Esta configuración fue renombrada más tarde por los desarrolladores de Microsoft. Si desea acceder a la configuración de la macro, debe ir a la pestaña Desarrolladores y elegir Seguridad de macros. Excel mostrará el cuadro de diálogo Configuración de macro. Debe seleccionar la opción 'Desactivar todas las macros con notificación'. Veamos la descripción de las opciones en el cuadro de diálogo.

Desactivar todas las macros sin notificación

Esta configuración no permitirá que se ejecute ninguna macro. Si no siempre desea ejecutar la macro al abrir el libro, debe elegir esta configuración. Sin embargo, dado que todavía está aprendiendo a usar macros y trabajar con ellas, no debe usar esta configuración. Esta configuración es equivalente a la muy alta seguridad que se encuentra en Excel 2003. Si elige esta opción, solo puede ejecutar macros si se guardan en una ubicación de confianza.

Desactivar todas las macros con notificación

Esta configuración es como la configuración de seguridad media en Excel 2003. Esta es la configuración recomendada que debe usar. Si usa esta configuración, Excel le preguntará si desea habilitar la inhabilitación para deshabilitar una macro al abrir un libro de trabajo. A menudo puede elegir esta opción si usted es un principiante. En Excel 2010, verá un mensaje en el área de mensajes, que indica que las macros se han deshabilitado. Puede habilitar o deshabilitar el contenido del libro eligiendo esa opción.

Desactivar todas las macros excepto las macros firmadas digitalmente

Si desea utilizar esta configuración, siempre debe utilizar una herramienta de firma digital como VeriSign o cualquier otro proveedor para firmar su macro. Si va a vender sus macros a otras partes, debe usar esta opción de seguridad. Esto es una molestia si desea escribir macros sólo para su uso.

Habilitar todas las macros

Los expertos sugieren que no utilice esta opción ya que los códigos peligrosos también se pueden ejecutar en su sistema. Esta configuración es equivalente a la opción de baja seguridad en Excel 2003 y es la opción más fácil de usar. Esta opción abrirá su sistema hasta los ataques de virus maliciosos.

Deshabilitar todas las macros con notificación

Los expertos sugieren que configure la macro para deshabilitar todo el contenido después de que le dé una notificación. Si guarda un libro de trabajo con una macro con esta configuración, verá una advertencia de seguridad justo encima de la barra de fórmulas cuando abra el libro. Si sabe que hay macros en el libro de trabajo, todo lo que necesita hacer es hacer clic en 'Habilitar contenido'. Puede hacer clic en la X en el extremo derecho de la barra si no desea habilitar ninguna de las macros en el libro de trabajo.

Si olvida habilitar la macro y, a continuación, intenta ejecutar esa macro, Excel indicará que la macro no se ejecutará ya que ha deshabilitado todas las macros del libro. Si esto sucede, debe volver a abrir el libro para habilitar las macros de nuevo.

CAPÍTULO 5

Trabajar Con Bucles

Una de las herramientas de programación más poderosas y básicas disponibles en VBA es un bucle. Esta herramienta se utiliza en muchos lenguajes de programación donde el programador desea repetir un bloque de código hasta que una condición se mantenga verdadera o hasta un punto específico. Si la condición es false, el bucle se interrumpirá y la sección de código después de ejecutar el bucle. Mediante el uso de bucles, puede escribir algunas líneas de código y lograr una salida significativa.

El For Loop

For Loop

La mayoría de las personas usan el bucle For en VBA. Hay dos formas de la For bucle – Para siguiente y para cada uno en siguiente. El bucle For se moverá a través de una serie de datos en una secuencia. Puede utilizar la instrucción Exit para finalizar el bucle For en cualquier momento. El bucle continuará ejecutándose hasta que se cumpla la condición. Cuando se cumpla la condición final, el editor pasará a la siguiente instrucción del programa, que es la dirección natural.

Veamos la sintaxis del bucle:

El For ... El bucle siguiente tiene la sintaxis siguiente:

Para el contador de contadores es de start_counter para end_counter

'Haz algo aquí (tu código)

Próximo contador

En la sintaxis anterior, estamos inicializando la variable de contador, que mantendrá el bucle. Esta variable de contador se establecerá en un valor que es igual a start_counter que será el principio del bucle. Esta variable aumentará en número hasta que cumpla con la condición final que es la variable end_counter. El bucle continuará ejecutándose hasta que el valor del contador sea igual al valor de la variable end_counter. Este bucle se ejecutará una vez hasta que los valores coincidan, después de lo cual el bucle se detendrá.

La explicación anterior puede ser un poco confusa, por lo tanto, echemos un vistazo a algunos ejemplos que puede utilizar para entender mejor el bucle For. Antes de ver los ejemplos, siga los pasos que se indican a continuación:

- Abra un nuevo libro de trabajo y guárdelo con la extensión .xlsm.

- Ahora, presione Alt+F11 para iniciar la pantalla Editor de Visual Basic.

- Ahora, inserte un nuevo módulo.

Ejemplo 1

[1]En este ejemplo, mostraremos un número usando un cuadro de mensaje.

Sub Loop1()

Dim StartNumber As Integer

Dim EndNumber As Integer

Número de Fin 5

>Para StartNumber 1 a EndNumber

>MsgBox StartNumber & " es " & "Your StartNumber"

>Siguiente StartNumber

End Sub

En el código anterior, las variables StartNumber y EndNumber se declaran como enteros y StartNumber es el inicio del bucle. Los valores que especifique en el bucle pueden estar en cualquier lugar entre StartNumber y EndNumber. El código comenzará desde StartNumber, que es 1, y terminará en EndNumber, que es 5. Una vez que se ejecuta el código, se mostrará el siguiente mensaje en la pantalla.

[1] 7 Ejemplos de bucles For en VBA de Microsoft Excel Vba. (2019). Obtenido de https://www.exceltip.com/vba/for-loops-with-7-examples.html

Ejemplo 2

[2]En este ejemplo, rellenaremos los valores en la hoja de trabajo Activa.

Sub Loop2()

'Rellena las celdas A1:A56 con valores de X por bucle' --- Comentario

'Aumentar el valor de X por 1 en cada bucle' --- Comentario

Dim X As Integer

Para X 1 a 56

      Range("A" & X). Valor x X

      Next X

End Sub

Verá la siguiente salida.

---

[2] 7 Ejemplos de bucles For en VBA de Microsoft Excel Vba. (2019). Obtenido de https://www.exceltip.com/vba/for-loops-with-7-examples.html

31

Para... Siguiente Declaración

El For... Next Loop[3] repetirá una instrucción o un bloque de código para un número específico de iteraciones. La sintaxis del bucle es la siguiente:

Para counter_variable - start_value al end_value

---

[3] 7 Ejemplos de bucles For en VBA de Microsoft Excel Vba. (2019). Obtenido de https://www.exceltip.com/vba/for-loops-with-7-examples.html

[bloque de código]

Siguiente counter_variable

Veamos un ejemplo sencillo de cómo usar este bucle.

```
Sub forNext1()

Dim i As Integer

Dim iTotal As Integer

iTotal 0

Para i 1 a 5

iTotal i + iTotal

Siguiente i

MsgBox iTotal

End Sub
```

El For Each ... Siguiente declaración

Si desea repetir un bloque de código para cada objeto o variable de un grupo, debe usar el For Each... Siguiente bucle. Esta instrucción repetirá la ejecución de un bloque de código o instrucciones para cada elemento de la colección. El bucle se detendrá cuando se cubran todos los elementos de la colección. La ejecución se moverá inmediatamente a esa sección de código que está inmediatamente después de la Next instrucción. La sintaxis del bucle es la siguiente:

Para Cada object_variable En group_object_variable

[bloque de código]

Siguiente object_variable

Ejemplo 1

[4]En el ejemplo siguiente, el bucle pasará por todas las hojas de trabajo del libro. VBA ejecutará el código que protegerá las hojas de trabajo con una contraseña. En este ejemplo, la variable ws es la variable Worksheet Object. El grupo o colección de hojas de cálculo está presente en este libro.

Sub forEach1()

Dim ws Como hoja de trabajo

Para cada ws In ThisWorkbook.Worksheets

Ws. Proteger la contraseña: "123"

Siguiente ws

End Sub

Ejemplo 2

[5]En el ejemplo siguiente, vba recorrerá en iteración cada celda del rango A1: A10. El código establecerá el color de fondo de cada celda en amarillo. En este ejemplo, rCelda es la variable Rango Objeto y la colección o grupo de celdas está presente en Rango ("A1:A10").

Sub forEach2()

---

[4] 7 Ejemplos de bucles For en VBA de Microsoft Excel Vba. (2019). Obtenido de https://www.exceltip.com/vba/for-loops-with-7-examples.html

[5] 7 Ejemplos de bucles For en VBA de Microsoft Excel Vba. (2019). Obtenido de https://www.exceltip.com/vba/for-loops-with-7-examples.html

```
Dim rCell As Range

Para cada rCell en ActiveSheet.Range("A1:A10")

rCell.Interior.Color á RGB(255, 255, 0)

Siguiente rCell

End Sub
```

Nesting Loops

Si desea incluir más de una condición en un bucle, puede utilizar el anidamiento. Puede crear un bucle anidado agregando un bucle a otro. Puede agregar un número infinito de bucles si está creando un bucle anidado. También puede anidar un tipo de bucle dentro de otro tipo de bucle.

Si está utilizando un bucle For, es importante que el bucle interno se complete primero. Es sólo después de que el bucle interno está completamente completo que se ejecutan las instrucciones debajo de la Next instrucción del bucle interno. Como alternativa, puede anidar un tipo de estructura de control en otro.

En el ejemplo siguiente, usaremos una instrucción IF en una instrucción WITH que se encuentra dentro de un For... Cada bucle. VBA pasará por todas las celdas del rango A1: A10. Si el valor de la celda supera 5, VBA coloreará la celda como Amarillo. De lo contrario, coloreará las celdas de rojo.

```
Sub nestingLoops()

Dim rCell As Range

Para cada rCell en ActiveSheet.Range("A1:A10")

Con rCell
```

```
If rCell > 5 Then

. Interior.Color á RGB(255, 255, 0)

Más

. Interior.Color á RGB(255, 0, 0)

End If

Terminar con

Siguiente rCell

End Sub
```

La salida para la declaración

La instrucción Exit For se puede utilizar para salir del bucle For sin completar el ciclo completo. Esto significa que saldrá del bucle For temprano. Esta instrucción indicará a VBA que detenga la ejecución del bucle y se mueva a la sección o bloque de código al final del bucle, o al código que sigue a la instrucción Next. En el caso de que esté utilizando un bucle anidado, el compilador VBA dejará de ejecutar el código en el bucle interno y comenzará a ejecutar las instrucciones en el bucle externo. Debe usar esta instrucción cuando desee terminar el bucle una vez que haya cumplido una condición o alcanzado un valor específico. Esta instrucción también se puede utilizar para romper un bucle sin fin después de un cierto punto.

Veamos el siguiente ejemplo:

En el ejemplo siguiente, si el valor de Range("A1") está en blanco, el valor de la variable iTotal será 55. Si Range("A1") tiene el valor 5, VBA terminará el bucle cuando el contador alcance el valor 5. En este punto, el valor de iTotal será 15. Debe tener en cuenta que el bucle se ejecutará hasta que el valor del contador alcance 5, después de lo cual saldrá del bucle.

```
Sub exitFor1()

Dim i As Integer

Dim iTotal As Integer

iTotal 0

Para i 1 a 10

iTotal i + iTotal

If i - ActiveSheet.Range("A1") Then

Salir para

End If

Siguiente i

MsgBox iTotal

End Sub
```

hacer... Declaración de bucle

Tenemos en lo que el Do... La instrucción Loop es y cómo puede usarla en VBA de Excel. Ahora examinaremos la sintaxis y comprenderemos cada parte de la sintaxis. Hay algunos ejemplos y ejercicios en esta sección que te ayudarán a dominar el Do... Instrucción loop.

Sintaxis

Tipo 1

Hacer - Mientras que el número de la unidad de la casa de Hasta la condición de la condición

[declaraciones]

[Continuar hacer]

[declaraciones]

[Salir de la hora]

[declaraciones]

Bucle

Tipo 2

hacer

[declaraciones]

[Continuar hacer]

[declaraciones]

[Salir de la hora]

[declaraciones]

Bucle s/n Mientras que el botón de bucle Hasta la condición de la condición

Comprender las piezas

Término	Definición
hacer	Este término es necesario incluir puesto que esto inicia el bucle Do.
Mientras	Esto es necesario a menos que utilice UNTIL en el bucle. Esta palabra clave garantizará que el editor ejecute el bucle hasta que la condición sea false.
Hasta	Esta palabra clave es necesaria a menos que esté utilizando la palabra clave WHILE. Esto garantizará que el editor ejecutará el bucle hasta que la condición se mantenga true.
Condición	Esto es opcional, pero siempre debe ser una expresión booleana. Si la condición no es nada, el editor la tratará como falsa.
Declaraciones	Estos son opcionales. Puede agregar una o varias instrucciones que desee que el editor repita hasta que la condición se mantenga verdadera.
Continuar hacer	También es una instrucción opcional. Si utiliza esta instrucción en el bucle, el editor se moverá a la siguiente iteración del bucle.
Salir de Hacer	Esto es opcional, y si lo usa, el editor se moverá fuera del bucle Do.
Bucle	Esta palabra clave es necesaria puesto que termina el loop.

Usted debe utilizar el Do... Estructura de bucle si desea repetir un conjunto de instrucciones infinitamente hasta que la condición se mantenga true. Si desea repetir las instrucciones en el bucle para un número específico de veces, debe usar el For... Próximas declaraciones. Puede usar las palabras clave Until o While al especificar una condición, pero nunca debe usar ambas.

Puede colocar la condición al principio o al final del bucle. El primer libro menciona qué estructura debe utilizar dependiendo de cuándo desea probar la condición. Si desea probar la condición al principio, el bucle no tiene que ejecutarse ni una sola vez. Si prueba la condición al final del bucle, las instrucciones del cuerpo del bucle se ejecutarán al menos una vez. Esta condición es un valor booleano y a menudo es una comparación de dos valores. Estos valores pueden ser de cualquier tipo de datos que el editor pueda convertir a booleano.

Puede anidar un bucle Do agregando otro bucle en él. También puede anidar diferentes estructuras de control dentro del bucle Do. Estos conceptos han sido cubiertos en el primer libro de la serie.

Usted debe recordar que el Do... La estructura del bucle es más flexible que la... Fin de la declaración While. Esto se debe a que el primero le permite decidir si desea finalizar el bucle cuando la condición se convierte por primera vez en true o cuando deja de ser verdadera. También puede probar la condición al principio o al final del bucle.

Salir de Hacer

Puede utilizar la instrucción Exit Do como una forma alternativa de salir de Do... Bucle. El compilador de VBA ahora ejecutará las instrucciones que se escriben inmediatamente después del bucle. El Exit Do se utiliza si anida instrucciones condicionales dentro del bucle. Si sabe que hay alguna condición que es innecesaria o hace imposible que el editor evalúe las instrucciones dentro del bucle. Puede utilizar esta instrucción si desea comprobar si hay una condición que pueda dar lugar a un bucle sin fin. Esta instrucción le ayudará a salir del bucle inmediatamente. Puede utilizar cualquier número de instrucciones Exit Do en Do... Estructura de bucle.

Cuando se utiliza la instrucción Exit Do en un bucle nest Do, el editor se moverá de las instrucciones dentro del bucle más interno al siguiente nivel de instrucciones de anidamiento.

Ejemplo 1

[6]En el ejemplo siguiente, el editor ejecutará las instrucciones en el bucle solo cuando la variable de índice sea mayor que 10. La palabra clave Until finalizará el bucle.

Dim index As Integer ? 0

hacer

      Debug.Write(index. ToString & " ")

      indice +a 1

Loop Until index > 10

Debug.WriteLine("")

La salida será,

0 1 2 3 4 5 6 7 8 9 10

---

[6] hacer... Instrucción Loop (Visual Basic). (2019). Obtenido de https://docs.microsoft.com/en-us/dotnet/visual-basic/language-reference/statements/do-loop-statement

Ejemplo 2

[7]En el ejemplo siguiente, usaremos una cláusula While en lugar de la cláusula Until. El editor probará la condición al inicio del bucle.

Dim index As Integer ? 0

Do While index <- 10

Debug.Write(index. ToString & " ")

indice +a 1

Bucle

Debug.WriteLine("")

La salida será,

0 1 2 3 4 5 6 7 8 9 10

Do While Loop

Puede usar el bucle Do While para repetir un bloque de código o instrucciones indefinidamente, siempre y cuando el valor de la condición se mantenga true. VBA dejará de ejecutar el bloque de código cuando la condición devuelva el valor False. La condición se puede probar al principio o al final del bucle. El Do Mientras... La instrucción Loop es donde se prueba la condición al principio mientras el Do... Bucle Mientras que la instrucción es la condición que se prueba al final del bucle. Cuando no se cumple la condición al

---

[7] hacer... Instrucción Loop (Visual Basic). (2019). Obtenido de https://docs.microsoft.com/en-us/dotnet/visual-basic/language-reference/statements/do-loop-statement

inicio del bucle, el bucle anterior no ejecutará el bloque de código en el bucle. La última instrucción funcionará al menos una vez, ya que la condición está al final del bucle.

Hacer mientras... Declaración de bucle

La sintaxis del bucle es:

Hacer mientras [Condición]

[bloque de código]

Bucle

hacer... Loop While Declaración

La sintaxis del bucle es:

hacer

[bloque de código]

Bucle mientras [Condición]

Los bucles se explican a continuación con la ayuda de ejemplos.

Ejemplo 1

[8]En el ejemplo siguiente, la condición se prueba al principio del bucle. Puesto que no se cumple la condición, el bucle no se ejecutará y el valor de iTotal será cero.

Sub doWhile1()

---

[8] hacer... Instrucción Loop (Visual Basic). (2019). Obtenido de https://docs.microsoft.com/en-us/dotnet/visual-basic/language-reference/statements/do-loop-statement

```
Dim i As Integer

Dim iTotal As Integer

i 5

iTotal 0

Hacer mientras i > 5

iTotal i + iTotal

i - i - 1

Bucle

MsgBox iTotal

End Sub
```

Ejemplo 2

[9]En el ejemplo siguiente, la condición solo se prueba al final de la función. Puesto que la condición es verdadera, el bucle se ejecutará una vez. Terminará después de eso ya que el valor de I se reducirá a 4, y la variable iTotal devolverá el valor 5.

```
Sub doWhile2()

Dim i As Integer

Dim iTotal As Integer

i 5
```

---

[9] hacer... Instrucción Loop (Visual Basic). (2019). Obtenido de https://docs.microsoft.com/en-us/dotnet/visual-basic/language-reference/statements/do-loop-statement

iTotal 0

hacer

iTotal i + iTotal

i - i - 1

Bucle Mientras i > 5

MsgBox iTotal

End Sub

Ejemplo 3

[10]En este ejemplo, reemplazaremos los espacios en blanco en un rango de celdas con guiones bajos.

```
Sub doWhile3()

Dim rCell As Range

Dim strText As String

Dim n As Integer
```

'rCell es una celda en el rango especificado que contiene el strText

'strText es el texto de una celda en la que los espacios en blanco deben reemplazarse por guiones bajos

'n es la posición de los espacios en blanco que ocurren en un strText

Para cada rCell en ActiveSheet.Range("A1:A5")

---

[10] hacer... Instrucción Loop (Visual Basic). (2019). Obtenido de https://docs.microsoft.com/en-us/dotnet/visual-basic/language-reference/statements/do-loop-statement

strText á rCell

'la función InStr de VBA devuelve la posición de la primera aparición de una cadena dentro de otra cadena. Usando esto para determinar la posición del primer espacio en blanco en el strText.

n • InStr(strText, " ")

Hacer mientras n > 0

'espacio en blanco se sustituye por el carácter de subrayado en el strText

strText - Izquierda(strText, n - 1) & "_" & Derecha(strText, Len(strText) - n)

'Utilice esta línea de código en lugar de la línea anterior, para eliminar todos los espacios en blanco en el strText

'strTextTM Left(strText, n - 1) & Right(strText, Len(strText) - n)

n • InStr(strText, " ")

Bucle

rCell á strText

próximo

End Sub

La declaración Exit Do

La instrucción Exit Do se puede utilizar para salir del bucle Do While antes de completar el ciclo. La instrucción Exit Do indicará a VBA que deje de ejecutar las líneas de código en el bucle y se mueva al bloque de código que está inmediatamente después del bucle. Si es un bucle anidado, la instrucción indicará a VBA que ejecute las líneas de código en el bucle externo. Puede utilizar un número infinito de instrucciones Exit Do en un bucle, y esta instrucción es útil cuando desea terminar el bucle una vez que obtenga el valor deseado. Esto es similar a la exit para instrucción.

Veamos el siguiente ejemplo[11]. En este ejemplo, el bloque de código no se ejecutará si la celda A1 contiene un número entre 0 y 11, ya que la condición indica que el bucle debe terminarse si el valor de 'i' es igual al valor de la celda A1.

```
Sub exitDo1()

Dim i As Integer

Dim iTotal As Integer

iTotal 0

Do While i < 11

iTotal i + iTotal

i + 1

If i - ActiveSheet.Range("A1") Then

Salir de Hacer

End If

Bucle

MsgBox iTotal

End Sub
```

---

[11] hacer... Instrucción Loop (Visual Basic). (2019). Obtenido de https://docs.microsoft.com/en-us/dotnet/visual-basic/language-reference/statements/do-loop-statement

Hacer hasta Loop

El bloque de código del bucle Do Until se ejecuta repetidamente hasta que se cumple una condición específica. Puede probar la condición en el sistema al principio o al final del bucle. La instrucción Do Until Loop probará la condición al principio del bucle, mientras que la instrucción Do Loop Until probará la condición al final del bucle. En la instrucción anterior, el bloque de código dentro del bucle no se ejecuta incluso una vez si la condición es falsa. Esto significa que la condición debe mantenerse verdadera desde el principio. En esta última instrucción, el bloque de código dentro del bucle se ejecutará al menos una vez, incluso si la condición es falsa, ya que la condición está al final del bucle.

Hacer hasta... Declaración de bucle

La sintaxis de la instrucción es la siguiente:

Hacer hasta [Condición]

[bloque de código]

Bucle

hacer... Loop Until Statement

La sintaxis de la instrucción es la siguiente:

hacer

[bloque de código]

Bucle hasta [Condición]

Vamos a entender mejor estas instrucciones usando los siguientes ejemplos:

Ejemplo 1

[12]En este ejemplo, estamos indicando a VBA que coloree una celda en blanco hasta que el compilador alcance una celda no vacía. Si la primera celda es una celda no vacía, el código en el cuerpo del bucle no se ejecutará ya que la condición se menciona al principio del bucle.

Sub doUntil1()

Dim rowNo As Integer

rowNo 1

Hacer hasta no isempty(Cells(rowNo, 1))

Cells(rowNo, 1). Interior.Color á RGB(255, 255, 0)

rowNo - rowNo + 1

Bucle

End Sub

Ejemplo 2

[13]En este ejemplo, estamos indicando a VBA que coloree una celda en blanco hasta que el compilador alcance una celda no vacía. Si la primera celda es una celda no vacía, el código en el cuerpo del bucle

---

[12] hacer... Instrucción Loop (Visual Basic). (2019). Obtenido de https://docs.microsoft.com/en-us/dotnet/visual-basic/language-reference/statements/do-loop-statement

[13] hacer... Instrucción Loop (Visual Basic). (2019). Obtenido de https://docs.microsoft.com/en-us/dotnet/visual-basic/language-reference/statements/do-loop-statement

solo se ejecutará una vez porque la condición solo se menciona al final del bucle.

Sub doUntil2()

Dim rowNo As Integer

rowNo 1

hacer

Cells(rowNo, 1). Interior.Color á RGB(255, 255, 0)

rowNo - rowNo + 1

Bucle hasta que no es Vacío(Cells(rowNo, 1))

End Sub

La declaración Exit Do

Puede salir del bucle Do Until sin ejecutar todos los comandos del cuerpo del bucle mediante la instrucción Exit Do. Esta función es similar a lo que se hizo en el bucle Do While.

CAPÍTULO 6

Trabajar con Declaraciones Condicionales

Hay dos instrucciones condicionales que puede usar en VBA:

1. Si... Entonces... Más

2. Seleccione... Caso

En ambas instrucciones condicionales, VBA tendrá que evaluar una o más condiciones después de lo cual se ejecuta el bloque de código entre paréntesis. Estas instrucciones se ejecutan en función de cuál sea el resultado de la evaluación.

Si... Entonces... Las declaraciones de Else

Esta instrucción condicional ejecutará un bloque de instrucciones o código cuando se cumpla la condición.

Declaraciones de varias líneas

Si la condición entonces

Declaraciones

ElseIf elseif_condition_1 Entonces

elseif_statements_1

ElseIf elseif_condition_n Entonces

elseif_statements_n

Más

else_statements

End If

Vamos a desglosar las declaraciones para entender lo que significa cada parte del bloque de código escrito anteriormente.

Si Declaración

Si desea escribir una sintaxis de varias líneas, como en el ejemplo anterior, la primera línea del código solo debe contener la instrucción 'If'. Cubriremos la sintaxis de una sola línea en la siguiente sección.

Condición

Se trata de una expresión que podría ser una cadena o numérica. El compilador evaluará esta condición y devolverá true o false. Es necesario definir una condición.

Declaraciones

Estas instrucciones componen el bloque de código que el compilador ejecutará si la condición es true. Si no especifica una instrucción, el compilador no ejecutará ningún código aunque la condición sea true.

Elseif

Se trata de una cláusula que se puede utilizar si desea incluir varias condiciones. Si tiene un ElseIf en el código, debe especificar el elseif_condition. Puede incluir un número infinito de ElseIf y elseif_conditions en el código.

elseif_condition

Se trata de una expresión que el compilador tendrá que evaluar. El resultado de la expresión debe ser true o false.

Elseif_statements

Estas instrucciones o bloques de código se evalúan si el compilador devuelve el resultado true para elseif_condition. Si no especifica una instrucción, el compilador no ejecutará ningún código aunque la condición sea true.

La condición Else -> y elseif_conditions siempre se prueban en el orden en que se escriben. El código que se escribe inmediatamente después de una condición se ejecuta si la condición se mantiene true. Si no hay ninguna condición en el elseif_conditions devuelve el valor true, se ejecutará el bloque de código después de la cláusula **Else.** Puede elegir incluir el Else en el If... Entonces... Otra declaración.

else_statements

Estas instrucciones son los bloques de código escritos inmediatamente después de la Instrucción Else.

End If

Esta instrucción finaliza la ejecución de las instrucciones en el If... Entonces... Otro bloque de código. Es esencial que utilice estas palabras clave solo al final del bloque de código.

Anidación

Puede anidar el If... Entonces... Else instrucciones en un bucle mediante el Select... Bucles de mayúsculas y minúsculas o VBA (cubiertos en el capítulo anterior), sin límite. Si usa Excel 2003, solo puede anidar bucles siete veces, pero si usa Excel 2007, puede usar 64. Las últimas versiones de Excel permiten un mayor nivel de anidamiento.

Veamos el siguiente ejemplo:

Ejemplo 1

14

Sub ElseIfStructure()

'Devuelve Good si las marcas son iguales a 60.

Dim sngMarks As Single

sngMarks 60

Si sngMarks > 80 Entonces

MsgBox "Excelente"

ElseIf sngMarks > 60 y sngMarks < 80 Then

MsgBox "Bien"

ElseIf sngMarks > 40 y sngMarks < 60 Then

MsgBox "Promedio"

Más

MsgBox "Pobre"

End If

End Sub

---

[14] Instrucciones condicionales en VBA de Excel: If, Case, For, Do Loops. (2019). Obtenido de https://analysistabs.com/excel-vba/conditional-statements/

Ejemplo 2

En este ejemplo, usaremos Multiple If... Luego Declaraciones. Esta es una alternativa a la ElseIf estructura, pero no es tan eficaz como el ElseIf estructura. En el Multiple If... A continuación, las instrucciones, el compilador tendrá que ejecutar cada If... A continuación, bloque de código incluso después de que devuelve el resultado verdadero para una de las condiciones. Si utiliza la estructura ElseIf, las condiciones posteriores no se comprueban si una condición es verdadera. Esto hace que la estructura ElseIf sea más rápida. Si puede realizar la función utilizando el ElseIf estructura, debe evitar el uso de la Multiple If... Luego Estructura.

```
Sub multipleIfThenStmnts()

"Devuelve Bueno si las marcas son iguales a 60.

Dim sngMarks As Single

sngMarks 60

Si sngMarks > 80 Entonces

MsgBox "Excelente"

End If

Si sngMarks > 60 y sngMarks < 80 Entonces

MsgBox "Bien"

End If

Si sngMarks > 40 y sngMarks < 60 Entonces

MsgBox "Promedio"

End If
```

Si sngMarks < 40 Entonces

MsgBox "Pobre"

End If

End Sub

Ejemplo 3

En este ejemplo, anidaremos el If... Entonces... Else declaraciones dentro de un For... Siguiente bucle.

Sub IfThenNesting()

'El usuario tendrá que introducir 5 números. El compilador agregará los números pares y restará los números impares.

Dim i As Integer, n As Integer, iEvenSum As Integer, iOddSum As Integer

Para n x 1 a 5

i - InputBox("número de entrada")

If i Mod 2 a 0 Then

iEvenSum - iEvenSum + i

Más

iOddSum - iOddSum + i

End If

Siguiente n

MsgBox "suma de números pares es" & iEvenSum

MsgBox "suma de números impares es" & iOddSum

End Sub

Ejemplo 4

Puede utilizar las siguientes opciones para probar varias variables mediante If... Luego declaraciones.

Opción 1: Else If Estructura

Sub IfThen1()

'este procedimiento devuelve el mensaje "Paso en matemáticas y fallo en la ciencia"

Dim sngMaths As Single, sngScience As Single

sngMaths 50

sngScience 30

Si sngMaths > 40 y sngScience > 40 Entonces

MsgBox "Pasar en matemáticas y ciencias"

ElseIf sngMaths > 40 y sngScience < 40 Then

MsgBox "Paso en matemáticas y fallo en la ciencia"

ElseIf sngMaths < 40 Y sngScience > 40 Entonces

MsgBox "Fallo en matemáticas y pase en la ciencia"

Más

MsgBox "Fallo en matemáticas y ciencias"

End If

End Sub

Opción 2: Si... Entonces... Anidación de Else

```
Sub IfThen2()

'este procedimiento devuelve el mensaje "Paso en matemáticas y
fallo en la ciencia"

Dim sngMaths As Single, sngScience As Single

sngMaths 50

sngScience 30

Si sngMaths > 40 Entonces

Si sngScience > 40 Entonces

MsgBox "Pasar en matemáticas y ciencias"

Más

MsgBox "Paso en matemáticas y fallo en la ciencia"

End If

Más

Si sngScience > 40 Entonces

MsgBox "Fallo en matemáticas y pase en la ciencia"

Más

MsgBox "Fallo en matemáticas y ciencias"

End If

End If

End Sub
```

Opción 3: Múltiple Si... Luego Declaraciones

Como se mencionó anteriormente, esta puede no ser la mejor manera de realizar la operación.

Sub IfThen3()

'este procedimiento devuelve el mensaje "Paso en matemáticas y fallo en la ciencia"

Dim sngMaths As Single, sngScience As Single

sngMaths 50

sngScience 30

Si sngMaths > 40 y sngScience > 40 Entonces

MsgBox "Pasar en matemáticas y ciencias"

End If

Si sngMaths > 40 y sngScience < 40 Entonces

MsgBox "Paso en matemáticas y fallo en la ciencia"

End If

Si sngMaths < 40 Y sngScience > 40 Entonces

MsgBox "Fallo en matemáticas y pase en la ciencia"

End If

If sngMaths < 40 Y sngScience < 40 Then

MsgBox "Fallo en matemáticas y ciencias"

End If

End Sub

Ejemplo 5

En este ejemplo, usaremos las funciones If Not, If IsNumeric e IsEmpty en el evento Worksheet_Change.

Private Sub Worksheet_Change(ByVal Target As Range)

'Using If IsEmpty, If Not y If IsNumeric (en If... A continuación, instrucciones) en el Worksheet_Change eventos.

'auto ejecutar un código VBA, cuando cambia el contenido de una celda de la hoja de cálculo, con el Worksheet_Change eventos.

En error GoTo Errhandler

Application.EnableEvents ? False

'si la celda objetivo está vacía después del cambio, no pasará nada

If IsEmpty(Target) Then

Application.EnableEvents ? True

Salir de Sub

End If

'using If Not instrucción con el método Intersect para determinar si las celdas de destino está dentro del rango especificado de "B1: B20"

If Not Intersect(Target, Range("B1:B20")) no es nada

'si la celda de destino se cambia a un valor numérico

If IsNumeric(Target) Then

'cambia el color de la celda de destino a amarillo

Target.Interior.Color á RGB(255, 255, 0)

```
End If

End If

Application.EnableEvents ? True

ErrHandler:

        Application.EnableEvents ? True

        Salir de Sub

End Sub
```

Uso del no operador

Cuando se utiliza el operador Not en cualquier expresión booleana, el compilador invertirá el valor true con el valor false y viceversa. El operador Not siempre invertirá la lógica en cualquier instrucción condicional. En el ejemplo anterior, If Not Intersect(Target, Range("B1:B20")) Is Nothing Then means If Intersect(Target, Range("B1:B20")) is Not Nothing Then or If Intersect(Target, Range("B1:B20")) is Something Then. En palabras simples, esto significa que la condición no debe ser verdadera si el rango cae o se interseca entre el rango ("B1: B20").

Una sola línea si... Entonces... Las declaraciones de Else

Si está escribiendo un código corto o simple, debe usar la sintaxis de una sola línea. Si desea distinguir entre la sintaxis de línea individual y de varias líneas, debe examinar el bloque de código que se realiza correctamente la palabra clave Then. Si no hay nada que tenga éxito en la palabra clave Then, el bloque de código es de varias líneas. De lo contrario, es un código de una sola línea.

La sintaxis de las instrucciones de una sola línea es la siguiente:

If condition Then instrucciónes Else else_statements

Estos bloques de instrucciones también se pueden anidar en una línea anidando la información dentro de cada instrucción condicional. Puede insertar la cláusula Else If en el código, que es similar a la cláusula ElseIf. No es necesario utilizar las palabras clave End If en el bloque de código de sintaxis única, ya que el programa finalizará automáticamente.

Veamos algunos ejemplos en los[15] que usaremos la sintaxis de una sola línea para el If... Entonces... Declaraciones de otra.

Si sngMarks > 80 Then MsgBox "Excellent Marks"

Si sngMarks > 80 Then MsgBox "Excellent Marks" Else MsgBox "Not Excellent"

'añadir título de MsgBox "Grading":

Si sngMarks > 80 Then MsgBox "Excellent Marks", , "Grading"

«utilizando el operador lógico Y en la condición siguiente:

Si sngMarks > 80 Y sngAvg > 80 Then MsgBox "Ambas marcas y promedio son excelentes" Else MsgBox "No excelente"

'anidando otro If... A continuación, declaración:

Si sngMarks > 80 Then If sngAvg > 80 Then MsgBox "Both Marks & Average are Excellent"

---

[15] Instrucciones condicionales en VBA de Excel: If, Case, For, Do Loops. (2019). Obtenido de https://analysistabs.com/excel-vba/conditional-statements/

Ejemplo 1[16]

Sub IfThenSingleLine1()

Dim sngMarks As Single

sngMarks 85

'Ejecutar varias instrucciones / códigos después de Then palabra clave. El código devolverá 3 mensajes: "Marcas excelentes - 85 en 90"; "Sigue así!" y "94,44% de marcas".

Si sngMarks 85 Entonces MsgBox "Excelentes Marcas - 85 en 90": MsgBox "Keep it up!": MsgBox Format(85 / 90 * 100, "0.00") & "% marks"

End Sub

Ejemplo 2

[17]Sub IfThenSingleLine1()

Dim sngMarks As Single

sngMarks 85

'Ejecutar varias instrucciones / códigos después de Then palabra clave. El código devolverá 3 mensajes: "Marcas excelentes - 85 en 90"; "Sigue así!" y "94,44% de marcas".

---

[16] Instrucciones condicionales en VBA de Excel: If, Case, For, Do Loops. (2019). Obtenido de https://analysistabs.com/excel-vba/conditional-statements/

[17] Instrucciones condicionales en VBA de Excel: If, Case, For, Do Loops. (2019). Obtenido de https://analysistabs.com/excel-vba/conditional-statements/

Si sngMarks 85 Entonces MsgBox "Excelentes Marcas - 85 en 90": MsgBox "Keep it up!": MsgBox Format(85 / 90 * 100, "0.00") & "% marks"

End Sub

Ejemplo 3

[18]Sub IfThenSingleLine2()

Dim sngMarks As Single, sngAvg As Single

sngMarks 85

sngAvg 75

'nesting Si... Luego declaraciones. El código devolverá el mensaje: "Las marcas son excelentes, pero el promedio no"

Si sngMarks > 80 Then If sngAvg > 80 Then MsgBox "Both Marks & Average are Excellent" Else MsgBox "Marks are Excellent, but Average is not" Else MsgBox "Marks are Not Excellent"

End Sub

Ejemplo 4

[19]Sub IfThenSingleLine3()

---

[18] Instrucciones condicionales en VBA de Excel: If, Case, For, Do Loops. (2019). Obtenido de https://analysistabs.com/excel-vba/conditional-statements/

Dim sngMarks As Single

sngMarks 65

'utilizando las palabras clave Else If (en sintaxis de una sola línea), similar a ElseIf (en sintaxis de varias líneas). El procedimiento devolverá el mensaje: "Las marcas son buenas".

Si sngMarks > 80 Entonces MsgBox "Las marcas son excelentes" Else If sngMarks > 60 Then MsgBox "Marks are Good" Else If sngMarks > ? 40 Then MsgBox "Marks are Average" Else MsgBox "Marks are Poor"

End Sub

Seleccione... Declaración del caso

La opción Seleccionar... La instrucción Case ejecutará instrucciones o un bloque de código dependiendo de si se han cumplido algunas condiciones. Evaluará una expresión y ejecuta uno de los muchos bloques de código en función de cuál sea el resultado. Esta declaración es similar a la If... el... Otra declaración.

Sintaxis

Seleccionar expresión de caso

Case expression_value_1

statements_1

Case expression_value_n

statements_n

---

[19] Instrucciones condicionales en VBA de Excel: If, Case, For, Do Loops. (2019). Obtenido de https://analysistabs.com/excel-vba/conditional-statements/

Caso Else

else_statements

Finalizar selección

Expresión

Puede ser un rango, un campo o una variable. La expresión se puede expresar mediante una función VBA -> como "rng. HasFormula" o "IsNumeric(rng)" donde el 'rng' es la variable de rango. La expresión puede devolver un valor String, Boolean Value, Numeric Value o cualquier otro tipo de datos. Es importante que especifique la expresión. Es el valor de la expresión que el compilador probará y comparará con cada caso en Select... Declaración del caso. Cuando los valores coinciden, el compilador ejecutará el bloque de código en el caso coincidente.

Expression_value

El tipo de datos de expression_value debe ser el mismo que la expresión o un tipo de datos similar. El compilador comparará el valor de la expresión con el expression_value en cada caso. Si encuentra una coincidencia, se ejecutará el bloque de código bajo el caso o las instrucciones. Debe especificar al menos un valor_expresión y el compilador probará la expresión con estos valores en el orden en que se mencionan. Los valores expression_values son similares a una lista de condiciones en las que se debe cumplir la condición para que se ejecute el bloque de código relevante.

Declaraciones

El compilador ejecutará el bloque de código o instrucciones en un caso específico si el valor de la expresión y expression_value son los mismos.

Case Else -> expression_value

Cuando el compilador coincide con el valor de la expresión con expression_value, ejecutará el bloque de código en ese caso. No comprobará el valor de la expresión con el valor expression_value restante. Si el compilador no encuentra una coincidencia con ningún expression_value, se moverá a la Cláusula Case Else. Se ejecutan las instrucciones de esta cláusula. No es necesario utilizar esta cláusula al escribir el código.

Else_statements

Como se mencionó anteriormente, el else_statements se incluyen en el caso else sección del código. Si el compilador no puede hacer coincidir el valor de la expresión con cualquier expression_value, ejecutará estas instrucciones.

Finalizar selección

Estas palabras clave [20] terminan el Select... Caso de bloque de sentencias. Debe mencionar estas palabras clave al final de la selecto... Declaraciones de casos.

Veamos un ejemplo de selecto... Declaraciones de casos.

Sub selectCase1()

'hacer strAge equivalente a "joven" devolverá el mensaje "Menos de 40 años"

Dim strAge As String

strAge - "joven"

---

[20] Instrucciones condicionales en VBA de Excel: If, Case, For, Do Loops. (2019). Obtenido de https://analysistabs.com/excel-vba/conditional-statements/

Seleccione Case strAge

Caso "ciudadano mayor"

MsgBox "Más de 60 años"

Caso "edad media"

MsgBox "Entre 40 a 59 años"

Caso "joven"

MsgBox "Menos de 40 años"

Caso Else

MsgBox "No válido"

Finalizar selección

End Sub

Uso de la palabra clave To

Puede utilizar la palabra clave Para para especificar el rango superior e inferior de todos los valores coincidentes en la sección expression_value de Select... Declaraciones de casos. El valor en el lado izquierdo de la To palabra clave debe ser menor o igual que el valor en el lado derecho de la To palabra clave. También puede especificar el intervalo para un conjunto especificado de caracteres.

Veamos un ejemplo[21].

Sub selectCaseTo()

---

[21] Instrucciones condicionales en VBA de Excel: If, Case, For, Do Loops. (2019). Obtenido de https://analysistabs.com/excel-vba/conditional-statements/

«Introducir marcas como 69 devolverá el mensaje "Promedio"; introducir marcas como 101 devolverá el mensaje "Fuera de rango"

Dim iMarks As Integer

iMarks á InputBox("Enter marks")

Seleccione Case iMarks

Caso 70 a 100

MsgBox "Bien"

Caso 40 a 69

MsgBox "Promedio"

Caso 0 a 39

MsgBox "Fallido"

Caso Else

MsgBox "Fuera de rango"

Finalizar selección

End Sub

Uso de la palabra clave Is

Puede utilizar la palabra clave Is si desea incluir un operador de comparación como <>, á, <, >, < , < o >. Si no incluye la palabra clave Is, el compilador la incluirá automáticamente. Veamos el ejemplo[22] siguiente.

---

[22] Instrucciones condicionales en VBA de Excel: If, Case, For, Do Loops. (2019). Obtenido de https://analysistabs.com/excel-vba/conditional-statements/

```
Sub selectCaseIs()

'si sngTemp es igual a 39,5, el mensaje devuelto es "Moderadamente
caliente"

Dim sngTemp As Single

sngTemp 39,5

Seleccione Caso sngTemp

El caso es > 40

MsgBox "Extremadamente caliente"

El caso es > 25

MsgBox "Moderadamente caliente"

Caso es > 0

MsgBox "Cool Weather"

Caso es < 0

MsgBox "Extremadamente frío"

Finalizar selección

End Sub
```

Uso de una coma

Puede incluir varios intervalos o expresiones en la cláusula Case.
Estos rangos y expresiones se pueden separar con una coma. La
coma actúa como el operador OR. También puede especificar varias
expresiones y rangos para cadenas de caracteres. Veamos el ejemplo
siguiente.

Ejemplo 1

[23]Sub selectCaseMultiple_1()

'si alfa equivale a "Hola", el mensaje devuelto es "Número impar o Hola"

Dim alfa como variante

alfa á "Hola"

Seleccione Caso alfa

Caso a, e, i, o, u

MsgBox "Vowels"

Caso 2, 4, 6, 8

MsgBox "Número par"

Caso 1, 3, 5, 7, 9, "Hola"

MsgBox "Número impar o hola"

Caso Else

MsgBox "Fuera de rango"

Finalizar selección

End Sub

---

[23] Instrucciones condicionales en VBA de Excel: If, Case, For, Do Loops. (2019). Obtenido de https://analysistabs.com/excel-vba/conditional-statements/

Ejemplo 2

[24]En este ejemplo, estamos comparando las cadenas "manzanas" con "uvas". El compilador determinará el valor entre "manzanas" y "uvas" y usará el método de comparación predeterminado binario.

Sub SelectCaseMultiple_OptionCompare_NotSpecified()

'La comparación de opciones NO se especifica y, por lo tanto, la comparación de texto distingue mayúsculas de minúsculas

«bananas devolverá el mensaje "Texto entre manzanas y uvas, o específicamente mangos, o los números 98 o 99"; naranjas devolverá el mensaje "Fuera de rango"; manzanas devolverá el mensaje "Fuera de rango".

Dim var As Variant, strResult As String

var á InputBox("Enter")

Seleccione Caso var

Caso 1 a 10, 11 a 20: strResult - "El número está entre 1 y 20"

Caso "manzanas" a "uvas", "mangos", 98, 99: strResult - "Texto entre manzanas y uvas, o específicamente mangos, o los números 98 o 99"

Caso else: strResult á "Fuera de rango"

Finalizar selección

MsgBox strResult

End Sub

---

[24] Instrucciones condicionales en VBA de Excel: If, Case, For, Do Loops. (2019). Obtenido de https://analysistabs.com/excel-vba/conditional-statements/

Anidación

Puede anidar la opción Seleccionar... Caso bloque de código o instrucciones dentro de bucles VBA, Si... Entonces... Else instrucciones y dentro de un Select... Bloque de casos. No hay límite en el número de casos que puede incluir en el código. Si está anidando una selección... Caso dentro de otro Seleccionar... Caso, debe ser un bloque completo por sí mismo y también terminar con su selección final.

Ejemplo 1

[25]Sub selectCaseNested1()

'comprobar si un rango está vacío; y si no está vacío, si tiene un valor numérico y si es numérico, si también tiene una fórmula; y si no es numérico, entonces cuál es la longitud del texto.

Dim rng As Range, iLength As Integer

Set rng á ActiveSheet.Range("A1")

Seleccionar caso IsEmpty(rng)

Caso verdadero

MsgBox rng. Dirección & " está vacío"

Caso Else

Seleccionar caso IsNumeric(rng)

Caso verdadero

MsgBox rng. Dirección & " tiene un valor numérico"

---

[25] Instrucciones condicionales en VBA de Excel: If, Case, For, Do Loops. (2019). Obtenido de https://analysistabs.com/excel-vba/conditional-statements/

Seleccione Caso rng. HasFormula

Caso verdadero

MsgBox rng. Dirección & " también tiene una fórmula"

Finalizar selección

Caso Else

iLength á Len(rng)

MsgBox rng. Dirección & " tiene una longitud de texto de " & iLength

Finalizar selección

Finalizar selección

End Sub

Ejemplo 2

[26]Función StringManipulation(str As String) As String

'Este código personaliza un texto de cadena de la siguiente manera:

'1. elimina los números numéricos de una cadena de texto;

«2. elimina los espacios iniciales, finales e intermedios (deja un solo espacio entre las palabras);

«3. añade espacio (si no está presente) después de cada exclamación, coma, tope completo y signo de interrogación;

---

[26] Instrucciones condicionales en VBA de Excel: If, Case, For, Do Loops. (2019). Obtenido de https://analysistabs.com/excel-vba/conditional-statements/

«4. capitaliza la primera letra de la cadena y la primera letra de una palabra después de cada exclamación, parada completa y signo de interrogación;

Dim iTxtLen As Integer, iStrLen As Integer, n As Integer, i As Integer, ansiCode As Integer

'--------------------------

'ELIMINAR LOS NÚMEROS DE NUMÉRICAS

«chr(48) a chr(57) representan los numéricos 0 a 9 en los códigos de caracteres ANSI/ASCII

Para i 48 a 57

'eliminar todos los números numéricos de la cadena de texto mediante vba Reemplazar función:

str - Reemplazar(str, Chr(i), "")

Siguiente i

'--------------------------

'ELIMINAR LEADING, TRAILING & INBETWEEN SPACES (DEJAR UN SOLO ESPACIO ENTRE PALABRAS)

'utilice la función TRIM de la hoja de cálculo. Nota: la función TRIM elimina el carácter de espacio con el código ANSI 32, no elimina el carácter de espacio de no separación con el código ANSI 160

str - Application.Trim(str)

'--------------------------

'AÑADIR ESPACIO (SI NO ESTÁ PRESENTE) DESPUÉS DE CADA EXCLAMACIÓN, COMA, PUNTO Y SIGNO DE INTERROGACIÓN:

'establecer valor variable en longitud de cadena:

iTxtLen á Len(str)

Para n - iTxtLen a 1 paso -1

«Chr(32) devuelve espacio; Chr(33) devuelve exclamación; Chr(44) devuelve coma; Chr(46) devuelve la parada completa; Chr(63) devuelve el signo de interrogación;

Si Mid(str, n, 1) á Chr(33) O Mid(str, n, 1) á Chr(44) O Mid(str, n, 1) ? Chr(46) Or Mid(str, n, 1) á Chr(63) Then

'comprobar si el espacio no está presente:

If Mid(str, n + 1, 1) <> Chr(32) Then

'utilizando las funciones Mid & Right para añadir espacio - tenga en cuenta que se utiliza la longitud de cadena actual:

str - Mid(str, 1, n) & Chr(32) & Right(str, iTxtLen - n)

'update string length - aumenta en 1 después de añadir un espacio (carácter):

iTxtLen - iTxtLen + 1

End If

End If

Siguiente n

'-------------------------

'ELIMINAR ESPACIO (SI PRESENTE) ANTES DE CADA EXCLAMATION, COMMA, DOT & QUESTION MARK:

'reset variable value to string length:

iTxtLen á Len(str)

Para n - iTxtLen a 1 paso -1

«Chr(32) devuelve espacio; Chr(33) devuelve exclamación; Chr(44) devuelve coma; Chr(46) devuelve la parada completa; Chr(63) devuelve el signo de interrogación;

Si Mid(str, n, 1) á Chr(33) O Mid(str, n, 1) á Chr(44) O Mid(str, n, 1) ? Chr(46) Or Mid(str, n, 1) á Chr(63) Then

«Compruebe si hay espacio en el lugar:

Si Mid(str, n - 1, 1) á Chr(32) Then

'utilizando la hoja de trabajo Reemplazar función para eliminar un espacio:

str - Application.Replace(str, n - 1, 1, "")

'omitir volver a comprobar el mismo carácter - posición de n desplazamientos (disminuye en 1) debido a la eliminación de un carácter de espacio:

n n n - 1

End If

End If

Siguiente n

'--------------------------

'CAPITALIZAR LETRAS:

'capitalizar la primera letra de la cadena y la primera letra de una palabra después de cada exclamación, parada completa y signo de interrogación, mientras que todas las demás letras están en minúsculas

iStrLen - Len(str)

Para i 1 a iStrLen

'determinar el código ANSI de cada carácter de la cadena

ansiCode - Asc(Mid(str, i, 1))

Seleccione Caso ansiCode

'97 a 122 son los códigos ANSI que equivalen a letras de tapa pequeña "a" a "z"

Caso 97 a 122

Si i > 2 Entonces

'capitaliza una letra cuya posición es de 2 caracteres después de (1 carácter después, será el carácter de espacio añadido anteriormente) una exclamación, parada completa y signo de interrogación:

Si Mid(str, i - 2, 1) á Chr(33) O Mid(str, i - 2, 1) á Chr(46) O Mid(str, i - 2, 1) á Chr(63) Then

Mid(str, i, 1) á UCase(Mid(str, i, 1))

End If

'capitalizar la primera letra de la cadena:

ElseIf i 1 Entonces

Mid(str, i, 1) á UCase(Mid(str, i, 1))

End If

«si la letra mayúscula, salta al siguiente carácter (es decir, siguiente i):

Caso Else

Ir a saltar

Finalizar selección

Saltar:

Siguiente i

'---------------------------

'cadena manipulada:

StringManipulation á str

Función final

Sub Str_Man()

'especificar cadena de texto para manipular y obtener cadena manipulada

Dim strText As String

'especificar la cadena de texto, que es necesario manipular

strText á ActiveSheet.Range("A1"). Valor

«la cadena de texto manipulada se introduce en el rango A5 de la hoja activa, al ejecutar el procedimiento:

ActiveSheet.Range("A5"). Valor: StringManipulation(strText)

End Sub

Ir a declaración

Puede usar la instrucción Ir a para desplazarse a una sección diferente del código o saltar una línea del procedimiento. Hay dos partes de la instrucción Ir a:

1. Las palabras clave GoTo seguidas de un identificador, también conocido como Label.

2. La etiqueta que va seguida de dos puntos y la línea de código o algunas instrucciones.

Si el valor de la expresión satisface la condición, el compilador se moverá a una línea de código independiente que se indica en el GoTo instrucción. Puede evitar esta instrucción y utilizar el If... Entonces... Otra declaración. La función Ir a hace que el código sea ilegible y confuso.

Seleccione... Declaraciones de caso frente a la If... Entonces... Las declaraciones de Else

La opción Seleccionar... Caso y Si... Entonces... Else instrucciones son instrucciones condicionales. En cada una de estas instrucciones se prueban una o varias condiciones y el compilador ejecutará el bloque de código en función de cuál sea el resultado de la evaluación.

La diferencia entre las dos instrucciones es que en el Select... Instrucción Case solo se evalúa una condición a la vez. La variable que se va a evaluar se inicializa o declara en la expresión Select Case. Las varias sentencias case especificarán los diferentes valores que puede tomar la variable. En el If... Entonces... Else instrucción, se pueden evaluar varias condiciones y el código para diferentes condiciones se puede ejecutar al mismo tiempo.

La opción Seleccionar... La instrucción Case solo probará una sola variable para varios valores mientras que If... Entonces... Else instrucción probará varias variables para diferentes valores. En este sentido, el If... Entonces... Else instrucción es más flexible, ya que puede probar varias variables para diferentes condiciones.

Si está probando un gran número de condiciones, debe evitar el uso de la If... Entonces... Las declaraciones de otra manera, ya que pueden parecer confusas. Estas instrucciones también pueden dificultar la lectura del código.

CAPÍTULO 7

Trabajar Con Cuerdas

Una cadena es una parte integral de VBA y cada programador debe trabajar con cadenas si desea automatizar funciones en Excel mediante VBA. Hay muchas manipulaciones que uno puede realizar en una cadena, incluyendo:

- Eliminación de los espacios en blanco de una cadena

- Extraer algunas partes de una cadena

- Convertir un número en una cadena

- Búsqueda de los caracteres en una cadena

- Formato de fechas para incluir días de la semana

- Analizar la cadena en una matriz

- Comparación de diferentes cadenas

VBA le proporciona diferentes funciones que puede usar para realizar estas tareas. Este capítulo le ayudará a entender cómo puede trabajar con diferentes cadenas en VBA. Este capítulo le deja algunos ejemplos simples que puede utilizar para la práctica.

Puntos para recordar

Debe tener en cuenta los siguientes puntos cuando desee trabajar con cadenas.

La cadena original no cambia

Al realizar cualquier operación en una cadena, el valor original de la cadena nunca cambiará. VBA solo devolverá una nueva cadena con los cambios necesarios realizados. Si desea realizar cambios en la cadena original, debe asignar el resultado de la función a la cadena original para reemplazar la cadena original. Este concepto se trata más adelante en este capítulo.

Comparación de dos cadenas

Hay algunas funciones de cadena como Instr() y StrComp() que le permiten incluir el parámetro Compare. Este parámetro funciona de la siguiente manera:

- **vbTextCompare**: Las letras mayúsculas y minúsculas de la cadena se consideran las mismas.

- **vbBinaryCompare**: Las letras mayúsculas y minúsculas de la cadena se tratan de forma diferente.

Veamos el siguiente ejemplo [27] para ver cómo puede utilizar el parámetro Compare en la función StrComp().

Sub Comp1()

    ' Imprime 0 si las cadenas no coinciden

---

[27] Manipulación de cadenas en VBA de Excel. (2019). Obtenido de https://www.excel-easy.com/vba/string-manipulation.html

Debug.Print StrComp("MARoon", "Maroon", vbTextCompare)

' Imprime 1 si las cuerdas no coinciden

Debug.Print StrComp("Maroon", "MAROON", vbBinaryCompare)

End Sub

En lugar de usar el mismo parámetro cada vez, puede usar la comparación de opciones. Este parámetro se define en la parte superior de cualquier módulo y una función que incluye el parámetro Compare utilizará esta configuración como valor predeterminado. Puede utilizar la comparación de opciones de las siguientes maneras:

Opción Comparar texto

Esta opción hace que use vbTextCompare como argumento de comparación predeterminado.

Opción Comparar[28] texto

Sub Comp2()

' Strings match - utiliza vbCompareText as Compare argument

Debug.Print StrComp("ABC", "abc")

Debug.Print StrComp("DEF", "def")

End Sub

---

[28] Manipulación de cadenas en VBA de Excel. (2019). Obtenido de https://www.excel-easy.com/vba/string-manipulation.html

Opción Comparar binario

Esta opción utiliza vbBinaryCompare como argumento de comparación predeterminado.

Opción Comparar[29] binario

Sub Comp2()

    ' Las cadenas no coinciden - utiliza vbCompareBinary como Compare argumento

    Debug.Print StrComp("ABC", "abc")

    Debug.Print StrComp("DEF", "def")

End Sub

Si no utiliza la instrucción Option Compare, VBA usa Option Compare Binary como valor predeterminado. Tenga en cuenta estos puntos cuando veamos las funciones de cadena individuales.

Anexar cadenas

Puede usar el operador & para anexar cadenas en VBA. Echemos un vistazo a algunos ejemplos de cómo puede usar este operador para anexar[30] cadenas.

Sub Append()

    Debug.Print "ABC" y "DEF"

---

[29] Manipulación de cadenas en VBA de Excel. (2019). Obtenido de https://www.excel-easy.com/vba/string-manipulation.html

[30] Manipulación de cadenas en VBA de Excel. (2019). Obtenido de https://www.excel-easy.com/vba/string-manipulation.html

```
Debug.Print "Jane" & " " & "Smith"

Debug.Print "Largo" & 22

Debug.Print "Doble" & 14.99

Debug.Print "Fecha" y #12/12/2015 #
```

End Sub

En el ejemplo anterior, hay diferentes tipos de datos que hemos convertido a cadena utilizando las comillas. Verá que el operador plus también se puede utilizar para anexar cadenas en algunos programas. La diferencia entre usar el operador & y + es que este último solo funcionará con tipos de datos de cadena. Si lo utiliza con cualquier otro tipo de datos, recibirá un mensaje de error.

```
' Obtendrá el siguiente error: "Tipo de discordancia"

Debug.Print "Largo" + 22
```

Si desea utilizar una función compleja para anexar cadenas, debe utilizar la función Formato que se describe más adelante en este capítulo.

Extraer partes de una cadena

En esta sección, veremos algunas funciones que puede usar para extraer información o datos de cadenas.

Puede utilizar las funciones Derecha, Izquierda y Media para extraer las partes necesarias en una cadena. Estas funciones son fáciles de[31] usar. La función Derecha lee la oración de la derecha, la función

---

[31] Manipulación de cadenas en VBA de Excel. (2019). Obtenido de https://www.excel-easy.com/vba/string-manipulation.html

Izquierda lee la oración de la izquierda y la función Mid leerá la oración desde el punto que especifique.

```vba
Sub UseLeftRightMid()

    Dim sCustomer As String

    sCustomer - "John Thomas Smith"

    Debug.Print Left(sCustomer, 4) ' Esto imprimirá John

    Debug.Print Right(sCustomer, 5) ' Esto imprimirá Smith

    Debug.Print Left(sCustomer, 11) ' Esto imprimirá John Thomas

    Debug.Print Right(sCustomer, 12) ' Esto imprimirá Thomas Smith

    Debug.Print Mid(sCustomer, 1, 4) ' Esto imprimirá John

    Debug.Print Mid(sCustomer, 6, 6) ' Esto imprimirá Thomas

    Debug.Print Mid(sCustomer, 13, 5) ' Esto imprimirá Smith

End Sub
```

[32]

Como se mencionó anteriormente, las funciones de cadena en VBA no cambian la cadena original, pero devuelven una nueva cadena como resultado. En el ejemplo siguiente, verá que la cadena "nombrecompleto" permanece sin cambios incluso después del uso de la left función.

---

[32] Manipulación de cadenas en VBA de Excel. (2019). Obtenido de https://www.excel-easy.com/vba/string-manipulation.html

```
Sub UsingLeftExample()

    Dim Fullname As String

    Nombre Completo: "John Smith"

    Debug.Print "Nombre es: "; Izquierda(Fullname, 4)

    ' La cadena original permanece inalterada

    Debug.Print "Fullname es: "; Fullname

End Sub
```

Si desea realizar un cambio en la cadena original, deberá asignar el valor devuelto de la función a la cadena original.

```
Sub ChangingString()

    Nombre tenue Como cadena

    nombre " "John Smith"

    ' El valor devuelto de la función se asigna a la cadena
    original

    nombre: Izquierda (nombre, 4)

    Debug.Print "Nombre es: "; Nombre

End Sub
```

Búsqueda en una cadena

InStr e InStrRev son dos funciones que puede usar en VBA para buscar subcadenas dentro de una cadena. Si el compilador puede encontrar la subcadena en la cadena, se devuelve la posición de la cadena. Esta posición es el índice desde donde comienza la cadena.

Si no se encuentra la subcadena, el compilador devolverá cero. Si la cadena original y la subcadena son null, se devuelve el valor null.

Instr

Descripción de los parámetros

La función se escribe de la[33] siguiente manera:

InStr() Start[Opcional], String1, String2, Compare[Opcional]

1. **Inicio:**este número especifica dónde debe empezar a buscar la subcadena dentro de la cadena real. La opción predeterminada es una.

2. **String1**: Esta es la cadena original.

3. **String2**: Esta es la subcadena que desea que busque el compilador.

4. **Comparar**: Este es el método que vimos en la primera parte de este capítulo.

El uso y los ejemplos

Esta función devolverá la primera posición en la cadena donde se encuentra la subcadena. Veamos el siguiente ejemplo:

Sub FindSubString()

Nombre tenue Como cadena

nombre " "John Smith"

' Esto devolverá el número 3 que indica la posición de la primera h

---

[33] Manipulación de cadenas en VBA de Excel. (2019). Obtenido de
https://www.excel-easy.com/vba/string-manipulation.html

Debug.Print InStr(name, "h")

' Esto devolverá el número 10 que indica la posición de la primera h a partir de la posición 4

Debug.Print InStr(4, name, "h")

' Esto volverá 8

Debug.Print InStr(name, "it")

' Esto volverá 6

Debug.Print InStr(name, "Smith")

' Esto devolverá cero ya que la cadena "SSS" no se encontró

Debug.Print InStr(name, "SSS")

End Sub

InStrRev

Descripción de los parámetros

La función se escribe de la siguiente manera:

InStrRev() StringCheck, StringMatch, Start[Optional], Compare[Optional]

1. **StringCheck**: Esta es la cadena que necesita buscar.

2. **StringMatch :** Esta es la cadena que el compilador debe buscar.

3. **Inicio:**este número especifica dónde debe empezar a buscar la subcadena dentro de la cadena real. La opción predeterminada es una.

4. **Comparar**: Este es el método que vimos en la primera parte de este capítulo.

El uso y los ejemplos

Esta función es la misma que la función InStr, excepto que se inicia la búsqueda desde el final de la cadena original. Debe tener en cuenta que la posición que devuelve el compilador es la posición desde el principio de la oración. Por lo tanto, si la subcadena solo está disponible una vez en la oración, las funciones InStr() e InStrRev() devuelven el mismo valor.

Veamos algunos ejemplos[34] de la función InStrRev.

Sub UsingInstrRev()

Nombre tenue Como cadena

nombre " "John Smith"

' Ambas funciones devolverán 1 que es la posición de la única J

Debug.Print InStr(name, "J")

Debug.Print InStrrev(name, "J")

' Esto devolverá 10 que indica la segunda h

Debug.Print InStrRev(name, "h")

' Esto devolverá el número 3 e indica la primera h como búsquedas desde la posición

---

Manipulación de cadenas en VBA de Excel. (2019). Obtenido de
https://www.excel-easy.com/vba/string-manipulation.html

Debug.Print InStrRev(name, "h", 9)

' Esto volverá 1

Debug.Print InStrrev(name, "John")

End Sub

Debe utilizar las funciones InStr e InStrRev cuando desee realizar búsquedas básicas en cadenas. Si desea extraer algo de texto de una cadena, el proceso es un poco complicado.

Eliminación de espacios en blanco

En VBA, puede usar las funciones de recorte para eliminar espacios en blanco o espacios al principio o al final de una cadena.

El uso y los ejemplos

1. [35]**Recortar**: Elimina los espacios de la derecha y la izquierda de una cadena.

2. **LTrim**: Elimina los espacios solo de la izquierda de la cadena.

3. **RTrim**: Elimina los espacios de la derecha de la cadena.

Sub TrimStr()

    Nombre tenue Como cadena

    nombre " John Smith "

    ' Se imprimirá "John Smith"

---

[35] Manipulación de cadenas en VBA de Excel. (2019). Obtenido de https://www.excel-easy.com/vba/string-manipulation.html

```
Debug.Print LTrim(name)

'Imprimirá "John Smith"

Debug.Print RTrim(name)

'Se imprimirá "John Smith"

Debug.Print Trim(name)
End Sub
```

Longitud de una cadena[36]

Puede usar Len para devolver la longitud de la cadena. Esta función solo devolverá el número de caracteres de la cadena. Puede usar diferentes tipos de datos si desea identificar el número de bytes de la cadena.

```
Sub GetLen()

Nombre tenue Como cadena

nombre " "John Smith"

' Esto imprimirá 10

Debug.Print Len("John Smith")

' Esto imprimirá 3

Debug.Print Len("ABC")
```

' Esto imprimirá 4 ya que el tipo de datos numéricos Long tiene un tamaño de 4 bytes

---

[36] Manipulación de cadenas en VBA de Excel. (2019). Obtenido de https://www.excel-easy.com/vba/string-manipulation.html

```
Dim total As Long

Debug.Print Len(total)
```
End Sub

Invertir una cadena[37]

Si desea invertir los caracteres de la cadena original, puede utilizar la función StrReverse. Estas funciones son extremadamente fáciles de usar.

```
Sub RevStr()

Dim s As String

s " Jane Smith"

' Esto imprimirá htimS enaJ

Debug.Print StrReverse(s)
```
End Sub

Comparación de cadenas

Puede utilizar la función StrComp para comparar dos cadenas.

Descripción de los parámetros

La función se escribe de la siguiente manera:

StrComp() String1, String2, Compare[Opcional]

1. **String1**: La primera cadena que debe compararse.

---

[37] Manipulación de cadenas en VBA de Excel. (2019). Obtenido de https://www.excel-easy.com/vba/string-manipulation.html

2. **String2**: La segunda cadena que debe compararse.

3. **Comparar**: Este es el método que vimos en la primera parte de este capítulo.

El uso y los ejemplos[38]

Veamos algunos ejemplos de cómo utilizar la función StrComp:

Sub UsingStrComp()

' Esto volverá 0

Debug.Print StrComp("ABC", "ABC", vbTextCompare)

' Esto volverá 1

Debug.Print StrComp("ABCD", "ABC", vbTextCompare)

' Esto volverá -1

Debug.Print StrComp("ABC", "ABCD", vbTextCompare)

' Esto devolverá Null

Debug.Print StrComp(Null, "ABCD", vbTextCompare)

End Sub

Comparación de cadenas mediante operadores

Puede usar el signo igual para comparar dos cadenas en VBA. Las diferencias entre el signo igual a y la función StrComp son:

• El primero sólo devolverá verdadero o falso

---

[38] Manipulación de cadenas en VBA de Excel. (2019). Obtenido de https://www.excel-easy.com/vba/string-manipulation.html

- No se puede combinar un parámetro Compare con el signo igual, ya que solo usará el valor de Comparación de opciones.

Veamos algunos ejemplos en los[39] que usamos el igual a sign para comparar dos cadenas.

Opción Comparar texto

Sub CompareUsingEquals()

' Esto devolverá verdadero

    Debug.Print "ABC" á "ABC"

    ' Esto devolverá True ya que el parámetro de comparar texto está al inicio del programa

    Debug.Print "ABC" á "abc"

    ' Esto devolverá falso

    Debug.Print "ABCD" á "ABC"

    ' Esto devolverá falso

    Debug.Print "ABC" á "ABCD"

    ' Esto devolverá null

    Debug.Print Null á "ABCD"

End Sub

---

[39] Manipulación de cadenas en VBA de Excel. (2019). Obtenido de https://www.excel-easy.com/vba/string-manipulation.html

[40]Para ver si dos cadenas no son iguales, debe utilizar el operador "<>". Este operador realiza una función que es opuesta a la igual a signo.

Opción Comparar texto

Sub CompareWithNotEqual()

    ' Esto devolverá falso

    Debug.Print "ABC" <> "ABC"

    ' Esto devolverá false ya que el parámetro Comparar texto está al inicio del programa

    Debug.Print "ABC" <> "abc"

    ' Esto devolverá verdadero

    Debug.Print "ABCD" <> "ABC"

    ' Esto devolverá verdadero

    Debug.Print "ABC" <> "ABCD"

    ' Esto devolverá null

    Debug.Print Null <> "ABCD"

End Sub

_____

[40] Manipulación de cadenas en VBA de Excel. (2019). Obtenido de https://www.excel-easy.com/vba/string-manipulation.html

Comparación de cadenas mediante la coincidencia de patrones

La coincidencia de patrones es una técnica en VBA que le permite determinar si hay un patrón específico de caracteres usados en una cadena. Por ejemplo, hay algunas ocasiones en las que tendrá que comprobar si un valor específico tiene tres caracteres alfabéticos y tres caracteres numéricos o si una cadena va seguida de un conjunto de caracteres o números. Si el compilador considera que la cadena sigue el patrón específico que describió, devolverá "True", de lo contrario devolverá "False."

El proceso de coincidencia de patrones es similar a la función de formato. Esto significa que puede utilizar el proceso de coincidencia de patrones de muchas maneras. En esta sección, veremos algunos ejemplos que le ayudarán a entender cómo funciona esta técnica. Tomemos la siguiente cadena como[41]ejemplo: [abc][!def]]?#X*

Veamos cómo funcionará esta cadena:

1. [abc]: Esto representará un carácter – a, b o c.

2. [!def]: Esto representará un carácter que no es d, e o f.

3. ?: Esto representará cualquier carácter.

4. N.o: Esto representará cualquier dígito.

5. X: Representa el carácter X.

6. *: Esto significa que la cadena va seguida de más caracteres o cero.

---

[41] Manipulación de cadenas en VBA de Excel. (2019). Obtenido de https://www.excel-easy.com/vba/string-manipulation.html

Por lo tanto, se trata de una cadena válida.

Ahora, consideremos la siguiente cadena: apY6X.

1. a: Este personaje es uno de a, b y c.

2. p: Este no es un carácter que es d, e o f.

3. Y: Este es cualquier personaje.

4. 6: Este es un dígito.

5. X: Esta es la letra X.

Ahora puede decir que el patrón para ambas cadenas es el mismo.

Veamos un código que te mostrará una variedad de resultados cuando uses el mismo patrón:

Sub Patrones()

    ' Esto imprimirá verdadero

    Debug.Print 1; "apY6X" Como "[abc][!def]?#X*"

    ' Esto se imprimirá verdadero ya que cualquier combinación es válida después de X

    Debug.Print 2; "apY6Xsf34FAD" Como "[abc][!def]?#X*"

    ' Esto se imprimirá falso ya que el carácter no es a, b o c

    Debug.Print 3; "dpY6X" Como "[abc][!def]?#X*"

    ' Esto se imprimirá falso ya que el personaje es uno de d, e y f

    Debug.Print 4; "aeY6X" Como "[abc][!def]?#X*"

' Esto se imprimirá false ya que el carácter en 4 debe ser un dígito.

Debug.Print 5; "apYAX" Como "[abc][!def]?#X*"

' Esto se imprimirá false ya que el carácter en la posición 5 debe ser X.

Debug.Print 1; "apY6Z" Como "[abc][!def]?#X*"

End Sub

Reemplazar parte de una cadena

Si desea reemplazar una subcadena en una cadena con otra cadena, debe usar la función replace. Esta función le permitirá reemplazar todas las instancias de una cadena donde se encuentra la subcadena.

Descripción de los parámetros

La función se escribe de la siguiente manera:

Replace() Expression, Find, Replace, Start[Optional], Count[Optional], Compare[Optional]

1. Expresión: Esta es la cadena original.

2. Buscar: esta es la subcadena que desea reemplazar en la cadena Expression.

3. Reemplazar: esta es la subcadena con la que desea reemplazar la subcadena Buscar.

4. Inicio: Esta es la posición inicial de la cadena. La posición se toma como 1 por defecto.

5. Recuento: Este es el número de sustituciones que desea realizar. El valor predeterminado es uno, lo que significa que

todas las subcadenas Find se reemplazan por la subcadena Replace.

6. Comparar: Este es el método que vimos en la primera parte de este capítulo.

El uso y los ejemplos

En el código siguiente, veremos algunos ejemplos de cómo usar la función Replace.

Sub ReplaceExamples()

' Para reemplazar todos los signos de interrogación de la cadena por punto y coma.

Debug.Print Replace("A? ¿B? ¿C? ¿D? E", "?", ";")

' Para reemplazar a Smith con Jones

Debug.Print Replace("Peter Smith,Ann Smith", "Smith", "Jones")

' Para reemplazar AX con AB

Debug.Print Replace("ACD AXC BAX", "AX", "AB")

End Sub

La salida será la siguiente:

A; B; C;D; E

Peter Jones,Sophia Jones

ACD ABC BAB

En el bloque de código siguiente, estamos usando el parámetro opcional Count para determinar el número de sustituciones que desea realizar. Por ejemplo, si establece el parámetro igual a uno, le pedirá al compilador que reemplace la primera aparición que se encuentra en la sección 'Buscar cadena'.

Sub ReplaceCount()

    ' Sustituir sólo el primer signo de interrogación

    Debug.Print Replace("A? ¿B? ¿C? ¿D? E", "?", ";", Conde:1)

    ' Sustituir los dos primeros signos de interrogación

    Debug.Print Replace("A? ¿B? ¿C? ¿D? E", "?", ";", Conde:2)

End Sub

La salida será la siguiente:

A; ¿B? ¿C? ¿D? E

A; B; ¿C? ¿D? E

Si usa el parámetro opcional Start en el código, solo puede devolver una parte de la cadena. En función de la posición que mencione en el parámetro Start, el compilador devolverá la parte de la cadena después de esa posición. Cuando se utiliza este operador, el compilador omitirá la cadena antes de la posición de inicio especificada.

Sub ReplacePartial()

    ' Esto utilizará la cadena original desde la posición 4

    Debug.Print Replace("A? ¿B? ¿C? ¿D? E", "?", ";", Inicio:4)

    ' Esto utilizará la cadena original de la posición 8

    Debug.Print Replace("AA? ¿B? ¿C? ¿D? E", "?", ";", Inicio:8)

' No hay elementos que se reemplazarán, pero devolverá los dos últimos valores

Debug.Print Replace("ABCD", "X", "Y", Start:-3)

End Sub

La salida será la siguiente:

; C;D; E

; E

Cd

Es posible que desee reemplazar una letra minúscula o mayúscula en una cadena, y para ello puede usar el parámetro Compare. Este parámetro se puede utilizar en diferentes funciones. Si desea obtener más información sobre este parámetro, lea la sección anterior.

Sub ReplaceCase()

' Esto sólo reemplazará a las A capitalizadas

Debug.Print   Replace("AaAa",   "A",   "X",   Compare:-vbBinaryCompare)

' Esto reemplazará a todos los A's

Debug.Print   Replace("AaAa",   "A",   "X",   Compare:-vbTextCompare)

End Sub

La salida es la siguiente:

XaXa

Xxxx

Múltiples reemplazos

También puede elegir anidar las celdas que desea reemplazar con más que en cadena. Veamos el ejemplo[42] siguiente donde tendremos que reemplazar X e Y por A y B respectivamente.

```
Sub ReplaceMulti()

    Dim newString As String

    ' Reemplazar la A con X

    newString - Replace("ABCD ABDN", "A", "X")

    ' Reemplazar la B con Y en la nueva cadena

    newString á Replace(newString, "B", "Y")

    Debug.Print newString

End Sub
```

En el ejemplo siguiente, realizaremos algunos cambios en el código anterior para realizar esta tarea. El valor que se devuelve después de la primera función se usará como argumento o podría usarse como cadena para la sustitución.

```
Sub ReplaceMultiNested()

    Dim newString As String

    ' Para reemplazar A con X y B con Y

    newString á Replace(Replace("ABCD ABDN", "A", "X"), "B", "Y")

    Debug.Print newString

End Sub
```

El resultado de estos reemplazos será XYCD XYDN.

---

[42] Manipulación de cadenas en VBA de Excel. (2019). Obtenido de https://www.excel-easy.com/vba/string-manipulation.html

CAPÍTULO 8

Matrices

Puede usar una matriz para almacenar varios elementos en un único contenedor o variable y usar ese contenedor en el programa. Una matriz es análoga a una caja grande con un número finito o infinito de cajas más pequeñas en su interior. Cada cuadro almacenará un valor en función del tipo de datos de la matriz. También puede elegir el número de cuadros pequeños en los que desea almacenar datos. Recuerde que puede usar una matriz solo cuando desee almacenar elementos que tengan el mismo tipo de datos.

Almacenamiento estructurado

Una matriz es una lista de elementos que tienen el mismo tipo de datos. Un ejemplo de una matriz puede ser una lista de tareas pendientes que prepare. El documento que contiene la lista de las tareas formará el único contenedor y este contenedor contiene numerosas cadenas y cada cadena enumerará las tareas que necesita realizar. También puede crear el mismo papel en VBA usando una matriz. Una matriz se puede definir utilizando numerosas técnicas, y cada una de estas técnicas utilizará un enfoque similar.

Ejemplo

[43]' Dile a VBA que inicie todas las matrices en 0.

Base de opción 0

SubSingle()

' Definir una cadena de salida.

Salida dimcomolarcomo cadena

' Definir una variante para contener cadenas individuales.

Dim IndividualString As Variant

' Definir la matriz de cadenas.

Dim StringArray(5) As String

' Llenar cada elemento de matriz con información.

StringArray(0) á "This"

StringArray(1) á "Is"

StringArray(2) á "An"

StringArray(3) á "Array"

StringArray(4) á "Of"

StringArray(5) á "Strings"

---

[43] Kelly, P. (2019). La guía completa para usar matrices en VBA de Excel - Dominio de macros de Excel. Recuperado de https://excelmacromastery.com/excel-vba-array/

' Utilice el Para cada... Siguiente instrucción para obtener cada matriz

' y colóquelo en una cadena.

Para cada IndividualString en StringArray

' Crear una sola cadena de salida con la matriz

' elementos de matriz.

Salida : Salida + IndividualString + "

próximo

' Mostrar el resultado.

MsgBox Trim(Output), _

vbInformation O vbOKOnly, _

"Contenido de la matriz"

End Sub

Si nos fijamos en el código anterior, notará que comienza con la instrucción "Option Base 0." Esta instrucción le permitirá a VBA saber que debe contar los elementos de la matriz a partir de cero. La configuración predeterminada es que VBA contará los elementos de la matriz desde cero. La mayoría de los lenguajes de programación usan cero como punto de partida, y es por esta razón que el valor predeterminado para VBA es cero. La mayoría de las versiones anteriores de VBA comienzan a contar los elementos de la matriz usando 1 como punto de partida.

Si desea utilizar el código que escribe en entornos diferentes, siempre debe incluir la instrucción Option Base. Puesto que una matriz siempre comienza en cero, y no uno, puede almacenar seis elementos aunque defina que la matriz debe tener cinco elementos. El número que se incluye en la declaración no define el número de elementos de la matriz.

Tipos de matriz

Una matriz se puede clasificar en diferentes tipos y esto se puede hacer utilizando diferentes métodos. Una matriz se puede clasificar en diferentes tipos en función del tipo de datos de los elementos de la matriz. Una matriz de enteros es muy diferente de una matriz de cadenas y puede estar seguro de que los elementos de la matriz son distintos. Puede utilizar el tipo de datos Variant si desea mezclar los tipos de datos en la matriz. Asegúrese de que tiene cuidado con el uso de este tipo de datos, ya que puede dar lugar a algunos errores que pueden ser difíciles de depurar.

También puede definir dimensiones en una matriz que definirá las direcciones en las que se puede permitir que la matriz contenga cualquier información. Puede tener una matriz unidimensional, una matriz bidimensional o una matriz n-dimensional, donde n representa un número.

Ejemplo: Agregar un elemento a una matriz

Dim a As Range

Dim arr As Variant 'Just a Variant variable (es decir, no la defina previamente como una matriz)

Para cada un In Range.Cells

    If IsEmpty(arr) Then

    arr á Array(a.value) 'Make the Variant a array with a single element

Más

```
ReDim Preserve arr(UBound(arr) + 1) 'Add next array
element

arr(UBound(arr)) á.value     'Asignar el elemento de matriz

End If
```

próximo

Matriz de VBA

En esta sección, veremos los pasos que debe seguir para crear una matriz.

Paso 1 – Crear un nuevo libro de trabajo

1.   Abra Microsoft Excel.

2.   Guarde el libro de trabajo de Excel con la extensión .xlsm

Paso 2 – Añadir un botón de comando

Ahora que está familiarizado con la creación de una interfaz en un libro de trabajo. Los capítulos anteriores del libro le ayudarán a recopilar más información sobre las subrutinas o subs y funciones en VBA.

1.   Agregue un botón de comando a la hoja de trabajo activa.

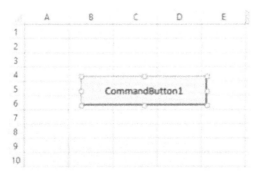

2. Establezca el nombre de la propiedad en cmdLoadBeverages.

3. Ahora, establezca la propiedad Caption como Load Beverages.

La interfaz ahora debe mostrar lo siguiente:

Paso 3 – Guardar el archivo

1. Ahora, guarde el archivo en la forma habilitada para macros de Excel.

Paso 4 – Escribir el código

El siguiente paso es escribir el código de la aplicación que ha desarrollado:

1. Puede ver el código haciendo clic con el botón derecho en el botón.

2. Ahora, agregue el código siguiente en la ventana de código.

```
Private Sub cmdLoadBeverages_Click()

    Bebidas Dim(1 A 4) Como Cuerda

    Bebidas(1) á "Pepsi"

    Bebidas(2) á "Coke"

    Bebidas(3) á "Fanta"

    Bebidas(4) - "Jugo"

    Sheet1.Cells(1, 1). Valor de "Mis bebidas favoritas"

    Sheet1.Cells(2, 1). Valor- Bebidas(1)

    Sheet1.Cells(3, 1). Valor- Bebidas(2)

    Sheet1.Cells(4, 1). Valor- Bebidas(3)
```

Sheet1.Cells(5, 1). Valor- Bebidas(4)

End Sub

Ejemplo para introducir marcas de estudiante

Sin una matriz

En el ejemplo siguiente, veremos cómo puede introducir las marcas para cada alumno sin usar una matriz.

SubEstudiante Público()

Con ThisWorkbook.Worksheets("Sheet1")

' Declarar variable para cada estudiante

Dim Student1 Como Entero

Dim Student2 Como Entero

Dim Student3 As Integer

Dim Student4 Como Entero

Dim Student5 Como Entero

' Leer las marcas de los estudiantes de la celda

Estudiante1 . Rango ("C2"). Desplazamiento(1)

Estudiante2 . Rango ("C2"). Desplazamiento(2)

Student3 . Rango ("C2"). Desplazamiento(3)

Estudiante4 . Rango ("C2"). Desplazamiento(4)

Estudiante5 . Rango ("C2"). Desplazamiento(5)

' Imprimir marcas de estudiantes

Debug.Print "Marcas de estudiantes"

Debug.Print Student1

Debug.Print Student2

Debug.Print Student3

Debug.Print Student4

Debug.Print Student5

Terminar con

End Sub

La salida será la siguiente,

Uso de una matriz

SubEstudiante Público()

Con ThisWorkbook.Worksheets("Sheet1")

' Declarar una matriz para mantener marcas para 5 estudiantes

Estudiantes Dim(1 A 5) Como Entero

' Leer las marcas de los estudiantes de las celdas C3: C7 en la matriz

112

Dim i As Integer

Para i 1 a 5

Estudiantes(i) . Rango ("C2"). Desplazamiento(i)

Siguiente i

' Imprimir marcas de estudiantes desde la matriz

Debug.Print "Marcas de estudiantes"

Para i - LBound(Students) To UBound(Students)

Debug.Print Students(i)

Siguiente i

Terminar con

End Sub

Observe la diferencia en las variables utilizadas en los dos programas y observe también la longitud del programa.

Ejemplo con bucles

[44]Public Sub ArrayLoops()

' Declarar matriz

Dim arrMarks(0 To 5) As Long

' Llenar la matriz con números aleatorios

---

[44] Kelly, P. (2019). La guía completa para usar matrices en VBA de Excel - Dominio de macros de Excel. Recuperado de https://excelmacromastery.com/excel-vba-array/

```
Dim i As Long

Para i - LBound(arrMarks) To UBound(arrMarks)

arrMarks(i) á 5 * Rnd

Siguiente i

' Imprimir los valores de la matriz

Debug.Print "Ubicación", "Valor"

Para i - LBound(arrMarks) To UBound(arrMarks)

Debug.Print i, arrMarks(i)

Siguiente i

End Sub
```

Clasificación de una matriz

```
Sub QuickSort(arr As Variant, first As Long, last As Long)

Dim vCentreVal As Variant, vTemp As Variant

Dim lTempLow As Long

Dim lTempHi As Long

lTempLow , primero

lTempHi : último

vCentreVal á arr((first + last) á 2)

Hacer mientras lTempLow <- lTempHi

        Do While arr(lTempLow) < vCentreVal Y lTempLow < last

        lTempLow - lTempLow + 1
```

```
Bucle

Do While vCentreVal < arr(lTempHi) e lTempHi > primero

lTempHi - lTempHi - 1

Bucle

Si lTempLow <- lTempHi Entonces

' Intercambiar valores

vTemp á arr(lTempLow)

arr(lTempLow) á arr(lTempHi)

arr(lTempHi) á vTemp

' Mover a las siguientes posiciones

lTempLow - lTempLow + 1

lTempHi - lTempHi - 1

End If

Bucle

    Si primero < lTempHi Luego QuickSort arr, primero,
lTempHi

Si lTempLow < last Then QuickSort arr, lTempLow, last

End Sub
```

Ejemplo para crear una matriz bidimensional

[45]Public Sub TwoDimArray()

    ' Declarar una matriz bidimensional

    Dim arrMarks(0 To 3, 0 To 2) As String

    ' Llenar la matriz con texto compuesto de valores i y j

    Dim i As Long, j As Long

    Para i - LBound(arrMarks) To UBound(arrMarks)

    Para j - LBound(arrMarks, 2) To UBound(arrMarks, 2)

    arrMarks(i, j) á CStr(i) & ":" & CStr(j)

    Siguiente j

    Siguiente i

    ' Imprimir los valores de la matriz en la ventana Inmediata

    Debug.Print "i", "j", "Value"

    Para i - LBound(arrMarks) To UBound(arrMarks)

    Para j - LBound(arrMarks, 2) To UBound(arrMarks, 2)

    Debug.Print i, j, arrMarks(i, j)

    Siguiente j

    Siguiente i

End Sub

---

[45] Kelly, P. (2019). La guía completa para usar matrices en VBA de Excel - Dominio de macros de Excel. Recuperado de
https://excelmacromastery.com/excel-vba-array/

CAPÍTULO 9

Manejo y Depuración de Errores

El control de errores es una práctica común que cada programador utiliza para anticipar cualquier condición de error que pueda surgir cuando se ejecuta el programa, y también incluir algunas instrucciones en el código. Hay tres tipos de errores que uno puede encontrar: errores de tiempo de ejecución que se producen cuando el editor vba no puede ejecutar una instrucción específica en el código; errores del compilador en los que no se ha detectado una variable necesaria; y errores de datos de entrada de usuario cuando el usuario no introduce el tipo correcto de información. Este capítulo se centrará en los errores de tiempo de ejecución, ya que esos errores son difíciles de resolver. Los otros dos tipos son fáciles de identificar y corregir para el usuario. Uno de los errores de tiempo de ejecución más típicos incluye aquel en el que el editor de VBA está intentando acceder a un libro de trabajo u hoja de cálculo que no existe o está dividiendo un número por cero. El ejemplo que se utiliza en este capítulo es tratar de dividir un número por cero.

Es importante incluir tantas comprobaciones como sea posible al escribir un programa, ya que eso le ayudará a asegurarse de que no habrá errores de tiempo de ejecución al escribir el código. Esto significa que siempre debe asegurarse de que todos los libros de trabajo u hojas de cálculo a los que hace referencia en el código estén presentes. También debe asegurarse de que está utilizando el nombre correcto. Al comprobar la aplicación mientras escribe el código, puede asegurarse de evitar estos errores tontos. Siempre es bueno detectar el error al escribir el código, y no cuando se ejecuta la aplicación.

Si ha escrito bien el código, pero sigue recibiendo un error de tiempo de ejecución y no tiene ningún código escrito para controlar esos errores, VBA mostrará el error en un cuadro de diálogo. Cuando todavía está creando la aplicación, puede dar la bienvenida a estos errores. Sin embargo, no puede estar de acuerdo con recibir estos errores cuando la aplicación se está probando o está en el entorno de producción. Un código de control de errores identificará el error y corregirá ese error inmediatamente. El objetivo detrás de incluir un código de control de errores es evitar la aparición de errores no controlados.

En este capítulo, nos referiremos a la propiedad procedimiento, función y Sub como procedimientos y función de salida, salir de sub y salir de propiedad como una instrucción de salida. La función End, End Sub, End y End Property se representarán con las palabras 'end statement.'

La declaración de error

La instrucción On Error está en el corazón de un proceso de control de errores. Si se produce un error de tiempo de ejecución, esta instrucción indicará a VBA que ignore el error y siga adelante. Hay tres formularios para la instrucción On Error:

1. On Error Goto 0

2. En el resumen de errores siguiente

3. En Error Goto <etiqueta>:

En Error Goto o es el valor predeterminado en VBA. Esta instrucción indicará a VBA que siempre debe mostrar el error de tiempo de ejecución en un cuadro de diálogo si hay un error en el programa. Esto le dará la oportunidad de entrar en el modo de depuración y comprobar el código. También puede optar por terminar el código. El On Error Goto o es el mismo que no incluir una instrucción de control de errores en el código. El error le pedirá a VBA que muestre la ventana estándar.

On Error Resume Next es una declaración que la mayoría de los programadores hacen mal uso. Esta instrucción indicará a VBA que ignore la línea de código con el error y pase a la siguiente línea. Recuerde que esto no corrige el código de ninguna manera, pero solo le dirá a VBA que actúe como si no hubiera ningún error en el código. Esto tendrá un efecto negativo en el código. Por lo tanto, es importante que pruebe el código en busca de errores y, a continuación, los corrija mediante métodos adecuados. Para el código siguiente, puede corregir el error ejecutando el programa en función de si el valor de la variable Err.Number es cero o no.

En el resumen de errores siguiente

N 1 / 0 ' causar un error

If Err.Number <> 0 Then

N n.o 1

End If

En el código anterior, el valor 1/0 se asigna a la variable N. Este enfoque es incorrecto ya que VBA le dará el Error división por cero (Error 11). Puesto que tiene la instrucción On Error Resume Next, el código seguirá ejecutándose. A continuación, la instrucción asignará un valor diferente a la variable N una vez que pruebe el valor de Err.Number.

El tercer formulario es On Error Goto <label>. Esta línea le permitirá a VBA saber que tendrá que ejecutar una línea de código específica o la línea de código que está presente inmediatamente después de una etiqueta de línea específica cuando se produce un error. Una vez que se produce el error, VBA ignorará todo el código entre la etiqueta de línea especificada y la línea de error.

En el error Goto ErrHandler:

N 1 / 0 ' causar un error

'

' más código

'

Salir de Sub

ErrHandler:

' código de manejo de errores

Reanudar siguiente

End Sub

Controladores de errores activos y habilitados

VBA creará un controlador de errores cuando se ejecute la instrucción On Error. Debe recordar que VBA solo puede activar el bloque de código del controlador de errores en un punto específico y comportarse de acuerdo con los comentarios dados en ese bloque. Si hay algún error, VBA ejecutará el código en el bloque del controlador de errores. Basado en la instrucción On Error Goto <label>, VBA ejecutará el código proporcionado en esa ubicación. El bloque de código del controlador de errores debe corregir el error en el programa o reanudar la ejecución del programa principal. El controlador de errores también se puede utilizar para finalizar el programa. No debe usarlo para omitir algunas líneas de código. Por ejemplo, el código siguiente no funcionará correctamente:

En el error GoTo Err1:

Debug.Print 1 / 0

' más código

Err1:

En el error GoTo Err2:

Debug.Print 1 / 0

' más código

Cuando se produce el primer error, la ejecución del código se transferirá al bloque de código en Err1. La instrucción On Error no identificará el error ya que el controlador de errores está activo cuando aparece el siguiente error.

La Declaración de Currículum

Puede usar la instrucción Resume para que VBA sepa que debe reanudar la ejecución de cualquier código en un punto o línea específico en el código. Recuerde que puede usar esta instrucción solo cuando tenga un bloque de código de control de errores. No use la instrucción Goto para indicar a VBA dónde debe ir para ejecutar el código de control de errores, ya que esto dará lugar a algunos problemas.

Hay tres formas sintácticas que toma la instrucción Resume:

1. Reanudar

2. Reanudar siguiente

121

3. Reanudar <etiqueta>

Cuando utilice la primera forma de la instrucción Resume, le indicará a VBA que reanude la ejecución del programa desde la línea que tiene el código. Al hacerlo, debe asegurarse de que el código de control de errores puede solucionar el problema. De lo contrario, el código entrará en un bucle, ya que saltará constantemente entre la línea que tiene el error y el código de control de errores. En el ejemplo siguiente, intentaremos activar una hoja de trabajo que no existe. Recibirá el siguiente error al hacer esto: "Subíndice fuera de rango." A continuación, el compilador saltará al código de control de errores y este código creará una hoja que resolverá el problema.

En el error GoTo Errhandler:

Hojas de trabajo("NewSheet"). Activar

Salir de Sub

ErrHandler:

If Err.Number n.o 9 Entonces

' hoja no existe, así que créela

Worksheets.Add.Name de la página de seguridad de "NewSheet"

' volver a la línea de código que causó el problema

Reanudar

End If

La segunda forma del método Resume es Resume Next. Esta instrucción le permitirá a VBA saber que debe ejecutar la línea de código que viene inmediatamente después de la línea que dio lugar al error. El código siguiente establecerá un valor en la variable N, y esto da lugar a un error. El código de control de errores asignará el valor 1 a la variable que permitirá a VBA ejecutar el resto del programa.

En el error GoTo Errhandler:

N 1 / 0

Debug.Print N

Salir de Sub

ErrHandler:

N n.o 1

' Pasar a la línea que está inmediatamente después del error

Reanudar siguiente

La tercera forma de la instrucción Resume es el formulario Resume <label>. Este tipo de similar a la instrucción On Error Goto <label>. La instrucción anterior le indicará a VBA que ejecute el programa desde la etiqueta de línea. Esto significa que evitará mirar la sección del código donde hay un error. Por ejemplo,

En el error GoTo Errhandler:

N 1 / 0

'

' Esta sección contiene el bloque de declaraciones que se omitirá si hay un error

'

Etiqueta1:

'

' más código para ejecutar

'

Salir de Sub

ErrHandler:

' volver a la línea en Label1:

Etiqueta de cv1:

Un objeto de error se puede restablecer o borrar mediante cualquier forma de la instrucción Resume.

Manejo de errores con múltiples procedimientos

No es necesario incluir el código de error en todos los procedimientos. VBA siempre usará la última instrucción On Error y actuará en consecuencia si hay algún error en el programa. El error se controla en el método mencionado anteriormente si el código que causa el error está presente en el mismo procedimiento que la última instrucción On Error. Si no hay código de control de errores en el programa, VBA funcionará hacia atrás y alcanzará la sección incorrecta en el código. Por ejemplo, un procedimiento A llama a B y B llama a C, y solo el procedimiento A tiene un código de control de errores. Si se produce un error en C, VBA volverá al código de control de errores en el procedimiento A. Omitirá todo el código del procedimiento B.

Una nota de precaución

Cuando se tratan con errores, es posible que desee utilizar la instrucción On Error Resume Next. Esta es una mala manera de construir un programa ya que es esencial que resuelva cualquier error que pueda encontrar. Debe recordar que esta instrucción no omite un error, pero lo omite.

CAPÍTULO 10

Cómo Mejorar el Rendimiento de las Macros

Hay ocasiones en que VBA se ejecutará muy lentamente, y esto es ciertamente frustrante. La buena noticia es que hay algunos pasos que puede tomar para mejorar el rendimiento de la macro. Este capítulo proporcionará información sobre los diferentes pasos que debe seguir para mejorar la velocidad y el rendimiento de una macro. Independientemente de si es administrador de TI, usuario final o desarrollador, puede usar estos consejos para su beneficio.

Cierre todo excepto por VBA Essentials

Lo primero que debe hacer para mejorar el rendimiento de VBA es desactivar todas las características innecesarias como la actualización de pantalla, animación, eventos automáticos y cálculos cuando se ejecuta la macro. Todas estas características siempre añadirán una sobrecarga adicional que ralentizará la macro. Esto siempre sucede cuando la macro necesita modificar o cambiar muchas celdas y desencadenar una gran cantidad de recálculos o actualizaciones de pantalla.

El siguiente código le mostrará cómo puede habilitar o deshabilitar lo siguiente:

- Animaciones

- Actualizaciones de pantalla

- Cálculos manuales

Opción Explícita

Dim lCalcSave As Long

Dim bScreenUpdate As Boolean

Sub SwitchOff(bSwitchOff As Boolean)

Dim ws Como hoja de trabajo

Con aplicación

    Si bSwitchOff Entonces

    ' OFF

    lCalcSave . Cálculo

    bScreenUpdate . Screenupdating

    . Cálculo: xlCalculationManual

    . ScreenUpdating - False

    . EnableAnimations - False

    '

    ' desactivar los saltos de página de visualización para todas las hojas de trabajo

    '

    Para cada ws In ActiveWorkbook.Worksheets

Ws. DisplayPageBreaks - False

Siguiente ws

Más

' ON

Si. Cálculo <> lCalcSave y lCalcSave <> 0 Then . Cálculo: lCalcSave

. ScreenUpdating (Actualización de pantalla) - bScreenUpdate

. EnableAnimations - True

End If

Terminar con

End Sub

Sub Main()

SwitchOff(True) ' desactivar estas funciones

MyFunction() ' hacer su procesamiento aquí

SwitchOff(False) ' vuelve a activar estas funciones

End Sub

Deshabilitar todas las animaciones mediante la configuración del sistema

Puede deshabilitar las animaciones a través del centro de facilidad de acceso en Windows. Puede usar este centro para deshabilitar algunas características específicas en Excel yendo a las pestañas Facilidad de acceso o Avanzadas en el menú. Para obtener más información, utilice el siguiente enlace: https://support.office.com/en-us/article/turn-off-office-animations-9ee5c4d2-d144-4fd2-b670-22cef9fa

Deshabilitación de animaciones de Office mediante la configuración del Registro

Siempre puede deshabilitar las animaciones de oficina en equipos diferentes cambiando la clave de registro adecuada mediante una configuración de directiva de grupo.

HIVE: HKEY_CURRENT_USER

Ruta de acceso de la clave: Software, Microsoft, Office, 16,0, Common, Gráficos

Nombre de clave: DisableAnimations

Tipo de valor: REG_DWORD

Datos de valor: 0x00000001 (1)

Si utiliza el Editor del Registro incorrectamente, puede causar algunos problemas graves en todo el sistema. Es posible que deba volver a instalar Windows para usar el editor correctamente. Microsoft le ayudará a resolver los problemas de un Editor del Registro, pero debe utilizar esta herramienta si está dispuesto a correr el riesgo.

Eliminación de selecciones innecesarias

La mayoría de las personas usan el método select en el código VBA, pero lo agregan en lugares donde no es necesario usarlos. Esta palabra clave desencadenará algunos eventos de celda como el formato condicional y animaciones que obstaculizarán el rendimiento de la macro. Si elimina todas las selecciones innecesarias, puede mejorar el rendimiento de la macro. En el ejemplo siguiente se muestra el código antes y después de realizar un cambio para eliminar todas las selecciones adicionales.

Antes

Hojas("Detalles del pedido"). Seleccione

Columnas("AC:AH"). Seleccione

Selection.ClearContents

Después

Hojas("Detalles del pedido"). Columnas("AC:AH"). ClearContents

Uso de la instrucción With para leer las propiedades del objeto

Al trabajar con objetos, debe la instrucción With para reducir el número de veces que el compilador lee las propiedades del objeto. En el ejemplo siguiente, vea cómo cambia el código cuando se usa la instrucción With.

Antes

Rango ("A1"). Valor de "Hola"

Rango ("A1"). Font.Name "Calibri"

Rango ("A1"). Font.Bold á Verdadero

Rango ("A1"). HorizontalAlignment á xlCenter

Después

Con Range("A1")

. Valor2 - "Hola"

. HorizontalAlignment á xlCenter

Con. Fuente

. Nombre : "Calibri"

. Negrita - Verdadero

Terminar con

Terminar con

Uso de matrices y rangos

Es costoso leer y escribir en celdas cada vez en Excel usando VBA. Incurre en una sobrecarga cada vez que hay algún movimiento de datos entre Excel y VBA. Esto significa que siempre debe reducir el número de veces que los datos se mueven entre Excel y VBA. Es en un momento tal que los rangos son útiles. En lugar de escribir o leer los datos individualmente en cada celda dentro de un bucle, simplemente puede leer todo el rango en una matriz y usar esa matriz en el bucle. El ejemplo siguiente le mostrará cómo puede usar un rango para leer y escribir los valores a la vez sin tener que leer cada celda individualmente.

Dim vArray As Variant

Dim iRow As Integer

Dim iCol As Integer

Dim dValue As Double

vArray - Range("A1:C10000"). Value2 ' leer todos los valores a la vez de las celdas de Excel, puesto en una matriz

Para iRow á LBound(vArray, 1) To UBound(vArray, 1)

Para iCol á LBound(vArray, 2) To UBound(vArray, 2)

   dValue á vArray (iRow, iCol)

130

Si dValue > 0 Then

dValue-dValue*dValue ' Cambiar los valores de la matriz, no las celdas

vArray(iRow, iCol) á dValue

End If

Siguiente iCol

Siguiente iRow

Rango("A1:C10000"). Value2 á vArray ' escribe todos los resultados en el rango a la vez

Uso. Valor2 en lugar de . Texto o . Valor

Puede recuperar los valores de diferentes maneras desde una celda. La propiedad que utilice para recuperar esa información tendrá un impacto en el rendimiento del código.

. Texto

Esta es la propiedad más común utilizada para recuperar información de una celda. Esto devolverá un valor con formato en la celda. Es complicado recuperar solo el valor con formato de una celda y no solo su valor. Es por esta razón que . El texto es lento.

. Valor

Esta palabra clave es una mejora con respecto al archivo . Texto ya que esto solo recupera el valor y no el formato de ese valor de la celda. Si una celda tiene el formato de moneda o fecha, el archivo . Value palabra clave solo devolverá la moneda VBA de la fecha VBA que se truncará en decimales.

. *Valor2*

. Value2 on devuelve el valor subyacente de la celda. Esta función no utiliza ningún formato y es más rápida que el archivo . Texto y . Palabras clave de valor. Funciona más rápido que las palabras clave anteriores cuando se trata de trabajar con números, y es más rápido si está utilizando una matriz de variantes.

Para obtener más información sobre estas palabras clave, debe leer la siguiente entrada de blog: https://fastexcel.wordpress.com/2011/11/30/text-vs-value-vs-value2-slow-text-and-how-to-avoid-it/

Evite usar Copiar y pegar

Si utiliza una grabadora de macros para registrar las operaciones que también incluyen copiar y pegar, el código usará estos métodos como operación predeterminada. Es más fácil evitar el uso del método de copiar y pegar en VBA, y usar algunas operaciones internas solo para realizar esas operaciones. Es más fácil copiar información más rápido si solo copia los valores y no el formato. También puede utilizar estas operaciones internas para copiar las fórmulas. En el siguiente ejemplo se muestra cómo puede evitar el uso de las opciones de copiar y pegar.

Antes

Rango ("A1"). Seleccione

Selection.Copy

Rango ("A2"). Seleccione

ActiveSheet.Paste

Después

' Enfoque 1: copiar todo (fórmulas, valores y formato

132

Rango ("A1"). Copiar destino:-Rango("A2")

' Enfoque 2: sólo copiar valores

Rango ("A2"). Valor2 - Rango("A1"). Valor2

' Enfoque 3: copiar sólo fórmulas

Rango ("A2"). Fórmula: Rango("A1"). Fórmula

Si cree que el código sigue funcionando lentamente, puede utilizar la siguiente corrección: https://support.microsoft.com/en-in/help/2817672/macro-takes-longer-than-expected-to-execute-many-in

Utilice la palabra clave Option Explicit para detectar variables no declaradas

Option Explicit es una de las muchas directivas Module que puede usar en VBA. Esta directiva indicará a VBA sobre cómo debe tratar un código dentro de un módulo específico. Si usa Option Explicit, debe asegurarse de que se declaran todas las variables del código. Si hay alguna variable que no se declara, producirá un error de compilación. Esto le ayudará a detectar cualquier variable que se ha nombrado incorrectamente. También ayudará a mejorar el rendimiento de la macro donde las variables se definen en diferentes momentos. Puede establecer esto escribiendo "Option Explicit" en la parte superior de cada módulo que escriba. Como alternativa, puede comprobar "Requerir declaración de variables" en el editor de VBA en "Herramientas -> Opciones."

CAPÍTULO 11

Cómo Reorientar el Flujo

Uso Correcto de la Instrucción GoTo

La instrucción GoTo le permitirá redirigir el flujo del programa. Asegúrese de que entiende cómo puede redirigir el flujo del programa, y ver si hay diferentes alternativas como el uso de un bucle. Si no cree que hay otra manera de hacerlo, puede usar la instrucción GoTo.

Hay ocasiones en las que se encontrará en una situación en la que un flujo de programa existente deja de funcionar y tendrá que interrumpirlo y mover el compilador a otra sección del código. Aquí es donde puede utilizar la instrucción GoTo ya que le permite redirigir el flujo del programa. Si utiliza esta instrucción cuidadosamente, puede superar diferentes problemas de programación. Dicho esto, la declaración GoTo también conduce a muchos otros problemas, ya que puede ser mal utilizado por el programador. Un aficionado querrá usar la instrucción GoTo ya que les ayudará a pasar por alto los errores de programación. Esto significa que comenzarán a evitar corregir errores. Recuerde usar la instrucción GoTo con extremo cuidado y diseñar bien el flujo del código. También debe intentar corregir los errores en el código mientras lo escribe.

Bucles

Nunca utilice la instrucción GoTo si desea reemplazar la instrucción end en un bucle. Las instrucciones en el bucle siempre darán a las instrucciones fuera del bucle un valor de entrada. Además, una instrucción de bucle estándar siempre tiene las palabras clave necesarias que garantizarán que haya errores mínimos o no.

Salidas

Siempre debe usar la instrucción End en lugar de la instrucción GoTo si desea salir de un programa.

Problemas de flujo del programa

Si hay algún problema en el flujo del programa que ha escrito, debe comprobar el pseudo-código y luego diseñar el código de nuevo. Esto le ayudará a asegurarse de que el diseño del código es correcto. Es posible que también deba cambiar el diseño si es necesario. Nunca suponga que el diseño siempre es correcto, especialmente si está haciendo esto por primera vez.

CAPÍTULO 12

Trabajar Con Libros de Excel y Hojas de Trabajo

La Colección de Libros de Trabajo

Si desea conocer los diferentes libros de trabajo que tiene abiertos en un momento específico, puede usar la colección Workbooks. También puede seleccionar el libro de trabajo que desea incluir en el programa. Este libro de trabajo es ahora un objeto de libro de trabajo y proporciona toda la información general sobre el archivo. Puede utilizar este objeto para tener acceso a otros objetos de ese documento, como objetos Worksheet y Chart.

Ejemplo:

Public Sub WorkbookDemo()

' Mantiene los datos de salida.

Salida dimcomolarcomo cadena

' Obtener el libro de trabajo de prueba.

Dim ActiveWorkbook As Workbook

Establecer ActiveWorkbook ?

```
Application.Workbooks("ExcelObjects.xls")
' Obtener el nombre y la ubicación del libro.
Salida : "Nombre: " + ActiveWorkbook.Name + vbCrLf + _
"Nombre completo: " + ActiveWorkbook.FullName + vbCrLf + _
"Path: " + ActiveWorkbook.Path + vbCrLf + vbCrLf
' Mantiene la hoja actual.
Dim Currsheet As Worksheet
' Busca cada hoja.
Salida: "Lista de hojas de trabajo:" + vbCrLf
Para cada CurrSheet en ActiveWorkbook.Worksheets
Salida - Salida + CurrSheet.Name + vbCrLf
próximo
' Mantiene el gráfico actual.
Gráfico Dim CurrChart As
' Busque cada gráfico.
Salida - Salida + vbCrLf + "Lista de gráficos:" + vbCrLf
Por cada Currchart en ActiveWorkbook.Charts
Salida - Salida + CurrChart.Name + vbCrLf
próximo
' Mostrar la salida.
MsgBox Output, vbInformation O vbOKOnly, "Object List"
```

End Sub

El código comienza mediante el uso de la Application.Workbooks colección que le permitirá mirar los diferentes Workbook objetos que tiene abiertos. También puede usarlo para recuperar un objeto de libro. Asegúrese de usar el nombre correcto del libro que desea abrir y también incluya la extensión del archivo que está intentando recuperar. El objeto de libro resultante contendrá toda esa información sobre ese documento. Este objeto también proporcionará información resumida sobre el documento y puede usar esa información para controlar y mantener la ventana. También puede agregar nuevos elementos u objetos como hojas de cálculo al libro.

Una vez que se tiene acceso al libro, el compilador VBA usará el objeto ActiveWorkbook para tener acceso a los diferentes objetos de hoja de cálculo que están presentes en la lista. El código siempre se basará en el For Each... Instrucción siguiente para tener acceso a los diferentes objetos de hoja de cálculo. También puede usar un índice si desea acceder a hojas de trabajo individuales. La Hoja de trabajo activa contendrá todos los métodos y propiedades necesarios que puede usar para manipular los datos de la hoja de cálculo, incluidos los objetos incrustados como imágenes y gráficos. Todas las hojas de cálculo del libro aparecerán en la lista de objetos ActiveWorkbook por su nombre de objeto. Esto le permitirá acceder a ellos sin usar la colección Worksheet.

Cuando se utiliza el objeto ActiveWorkbook, solo se pueden ver los objetos de gráfico independientes. También puede tener acceso a cualquier Chart objeto en la hoja de cálculo utilizando la misma técnica que se utiliza para tener acceso a un objeto de hoja de cálculo. La única diferencia aquí es que no puede usar la colección Worksheets, pero tendrá que usar la colección Charts. Asegúrese de que los nombres de gráfico siempre aparecerán en la lista de objetos cuando mire los objetos del libro activo. Esto significa que no es necesario utilizar la colección Charts para acceder a un gráfico.

La colección de hojas de trabajo

Una de las mejores maneras de acceder a cualquier hoja de trabajo independientemente de la situación es usar la colección Sheets. No debe seguir la jerarquía de objetos de Excel si desea identificar la hoja de cálculo con la que desea trabajar. Si accede a la hoja de trabajo que se encuentra en la parte superior de la pirámide, significará que no hay objetos que existan en los niveles inferiores de la pirámide. Por lo tanto, esta técnica se puede considerar como una compensación.

Siempre puede acceder a cualquier tipo de hoja y no solo a la hoja de cálculo que utilizará si está utilizando la colección Sheets. Cualquier objeto, incluido un objeto Chart independiente, también formará parte de la hoja de cálculo. En el ejemplo anterior, observará que los objetos de hoja de cálculo y gráfico se tratan como objetos independientes.

Ejemplo:

SubListSheets Públicos()

' Una entrada individual.

Dim ThisEntry As Variant

' Mantiene los datos de salida.

Salida dimcomolarcomo cadena

' Obtener el número actual de hojas de trabajo.

Salida: "Recuento de hojas: " + _

CStr(Application.Sheets.Count)

```
' Enumere cada hoja de trabajo a su vez.

Para cada thisentry en Application.sheets

' Verifique que haya una hoja con la que trabajar.

If ThisEntry.Type ? XlSheetType.xlWorksheet Then

Salida: Salida + vbCrLf + ThisEntry.Name

End If

próximo

' Mostrar el resultado.

Salida MsgBox, _

vbInformation o vbOKOnly, _

"Lista de hojas de trabajo"

End Sub
```

En el ejemplo anterior, estamos creando un tipo de datos Variant que contendrá diferentes tipos de hojas. Si usa un objeto Worksheet o Chart, se producirá un error en el código que escriba, ya que no recibirá el tipo que está buscando, aunque el tipo devuelto es válido. El problema con el uso del tipo de datos Variant es que el editor de VBA no proporcionará ayuda de globos ni finalización automática. Debe asegurarse de que el método que desea usar se escribe correctamente y siempre usa los nombres de propiedad correctos.

Una vez creadas las variables necesarias, verá el número de hojas de trabajo presentes en el libro de trabajo. Recuerde que este número no solo incluye las hojas de trabajo del libro, sino que también incluye los gráficos de ese libro.

El For Each... Next Loop recuperará todas las hojas a su vez. También debe notar cómo el If... A continuación, se utiliza la instrucción para comparar los valores de la constante XlSheetType.xlWorksheet y el tipo de datos Variant. Siempre puede separar una hoja de cálculo que está utilizando de los otros objetos en el Sheets tipo de colección si es necesario.

Colección Gráficos

Puede utilizar la colección Charts para diseñar o crear un gráfico personalizado si es necesario. Una de las ventajas de crear un gráfico usando un código es que no usará demasiado espacio, y puede pasar muy poco tiempo cuando se trata de crear numerosos gráficos.

Ejemplo:

Public Sub BuildChart()

' Crear un nuevo gráfico.

Dim NewChart As Chart

Establecer NewChart - Charts.Add(After:'Charts(Charts.Count))

' Cambiar el nombre.

NewChart.Name de la página de la NewChart.Name "Gráfico añadido"

' Crear una serie para el gráfico.

Dim TheSeries As Series

NewChart.SeriesCollection.Add _

Fuente:-Hojas de trabajo("Mi hoja de datos"). Range("A$3:B$8")

Set TheSeries - NewChart.SeriesCollection(1)

' Cambiar el tipo de gráfico.

TheSeries.ChartType ? xl3DPie

' Cambiar el título de la serie.

TheSeries.Name "Datos de mi ficha de datos"

' Realizar algún formato de datos.

Con TheSeries

. HasDataLabels - True

. DataLabels.ShowValue ? True

. DataLabels.Font.Italic ? True

. DataLabels.Font.Size á 14

Terminar con

' Modificar la leyenda del gráfico.

Con NewChart

. HasLegend - Verdadero

. Legend.Font.Size á 14

Terminar con

' Modificar la vista 3D.

Con NewChart

. Pie3DGroup.FirstSliceAngle 90

. Elevación 45

Terminar con

' Dar formato al título del gráfico.

NewChart.ChartTitle.Font.Bold ?

NewChart.ChartTitle.Font.Size á 18

NewChart.ChartTitle.Format.Line.DashStyle _

• msoLineSolid

NewChart.ChartTitle.Format.Line.Style á msoLineSingle

NewChart.ChartTitle.Format.Line.Peso 2

' Calcular el tamaño óptimo del área de trazado.

Tamaño de la dimcomoción como entero

If NewChart.PlotArea.Height > NewChart.PlotArea.Width

Entonces

Tamaño: NewChart.PlotArea.Width

Más

Tamaño: NewChart.PlotArea.Height

End If

' Reducir el área de parcela en un 10%.

Tamaño - Tamaño - (Tamaño * 0.1)

' Dar formato al área de trazado.

Con NewChart.PlotArea

. Interior.Color á RGB(255, 255, 255)

. Border.LineStyle á XlLineStyle.xlLineStyleNone

. Altura - Tamaño

. Anchura - Tamaño

. Arriba 75

. Izquierda 100

Terminar con

' Dar formato a las etiquetas.

Dim ChartLabels As DataLabel

Set ChartLabels á TheSeries.DataLabels(0)

ChartLabels.Position á xlLabelPositionOutsideEnd

End Sub

En el ejemplo anterior, está indicando a VBA que cree un nuevo gráfico. Este gráfico será el último gráfico del libro, pero no es el último elemento del libro. Esto significa que si se crea una hoja de cálculo después del último gráfico, seguirá apareciendo en la lista de objetos. La propiedad NewChart.Name le permitirá cambiar el nombre que aparecerá en la parte inferior del gráfico. Esta propiedad no cambiará el nombre del gráfico.

El gráfico está en blanco en este punto, y debe agregar al menos una de las series al gráfico si desea mostrar cualquier dato en él. Recuerde que un gráfico circular solo puede mostrar los datos de una serie a la vez, pero puede utilizar gráficos diferentes si desea mostrar varias series de datos. Por ejemplo, puede mostrar varias series de datos mediante un gráfico de burbujas. En la siguiente parte de los datos, creará una serie de datos utilizando la información presente en la hoja de trabajo "Mi hoja de datos." Observará que el código establecerá la variable TheSeries igual a la salida. Por lo tanto, debe incluir un paso adicional que le ayudará a obtener la nueva serie de la colección Series.

Hay dos columnas que contienen información en el Range propiedad. Si utiliza Excel 2007 y versiones posteriores, la primera columna se utiliza para definir la propiedad XValues en el gráfico. Esta propiedad se utiliza para determinar las diferentes entradas de la leyenda para un gráfico circular. Estos valores aparecerán en la parte inferior si está utilizando un gráfico de barras. Tanto en el gráfico circular como en el gráfico de barras, debe mostrar las etiquetas en la pantalla. Esto le ayudará a ver su efecto en el área de visualización.

CAPÍTULO 13

Algunos Problemas Con Las Hojas De Cálculo Y Cómo Superarlas

La mayoría de la gente usa Excel para crear un repositorio. Esto se debe a que es fácil hacer una lista de elementos pequeños para usted o sus colegas en Excel. Tal vez desee utilizar algunas fórmulas para crear algo sofisticado. También puede utilizar macros para automatizar el proceso de recopilación y procesamiento de datos. Puede hacerlo escribiendo un igual para firmar en la celda antes de escribir la fórmula. Excel será su guía. Hay algunos problemas que todo el mundo enfrentará cuando se trata de usar Excel, y esa es su simplicidad. Puede comenzar con un pequeño proyecto en Excel, y este proyecto crecerá hasta que se convierta en una tarea desalentadora. En este punto, también puede enfrentar algunos problemas con la estabilidad y la velocidad, o algún problema de desarrollo que no puede resolver.

Este capítulo examina algunos de los problemas comunes que las personas encuentran cuando usan hojas de cálculo, y también proporciona algunas soluciones para abordar esos problemas. También le dirá cuándo debe cambiar a una base de datos en lugar de pegarse a Excel.

146

Edición multiusuario

Cuando un sistema de Excel comienza a crecer, se encontrará rápidamente con un problema en el que solo un usuario puede abrir el libro a la vez y realizar cambios en él. Cualquier otra persona que quiera abrir el libro de trabajo recibirá una notificación de que alguien ya tiene el libro abierto y que puede ver el libro como una versión de solo lectura o esperar hasta que el primer usuario cierre el archivo. Excel promete informarle cuando el primer usuario ha cerrado el archivo, pero esta es una promesa hueca ya que Excel no siempre comprueba el estado, y hay ocasiones en las que puede que nunca le dé una actualización. Incluso si le da una actualización, alguien ya puede haber abierto el archivo antes que usted.

Puede evitar esto de las siguientes maneras:

- Debe usar Excel Online. Esta aplicación es una versión web y abreviada de Microsoft Excel.

- Active la función que le permitirá compartir el libro de trabajo.

- Divida el libro en libros de trabajo más pequeños. Esto permitirá a diferentes usuarios acceder a diferentes libros de trabajo sin causar ningún obstáculo en el trabajo.

Libros compartidos

Si usa Excel en línea, puede permitir que varios usuarios editen el libro al mismo tiempo. Hay tanta funcionalidad que desaparece, lo que lo convierte en un contendiente sólo para tareas simples. Las características del libro compartido en Excel le permitirán compartir el libro entre varios usuarios, pero hay muchas restricciones. Por ejemplo, no puede eliminar un grupo de celdas ni crear una tabla en un libro compartido.

Es fácil caminar alrededor de algunas restricciones, pero para otros, es cuestión de cambiar la estructura de todo el libro de trabajo en lugar de usar un libro de trabajo que ya se ha configurado. Sin embargo, estas soluciones pueden entorpecen. Como resultado de esto, es imposible usar un libro de trabajo que se comparte de la misma manera que puede usar un libro de trabajo de un solo usuario.

Los cambios realizados en un libro compartido se sincronizarán entre los usuarios cada vez que se guarde el libro. Estos cambios se pueden guardar en una programación de tiempo, lo que significa que un libro de trabajo se puede guardar o forzar cada pocos minutos. La sobrecarga de comprobación regular y ahorro de cada cambio de usuario compartido es bastante grande. El tamaño del libro de trabajo puede aumentar lo que pondrá una tensión en su red, lo que ralentizará todos los demás sistemas.

Un libro de trabajo compartido es propenso a la corrupción. Microsoft Office sabe que este es el problema, pero no hay mucho que pueda hacer sobre el problema. La alternativa a esta situación es usar Excel en línea, ya que puede tener varios usuarios trabajando en el mismo libro de trabajo. No muchos usuarios cambiarán a Excel en línea hasta que Microsoft quite todas las restricciones en un libro compartido y extenderá una herramienta de creación múltiple a la aplicación sin conexión de Excel.

Libros de trabajo vinculados

Si desea superar el problema de la edición multiusuario, debe intentar dividir los datos en varios libros de trabajo. Es probable que estos libros de trabajo deben estar vinculados para que cualquier valor introducido en uno se pueda usar en otro. Los vínculos entre libros también ayudan a separar los datos mediante un método lógico en lugar de usar hojas de cálculo independientes en un libro.

Desafortunadamente, estos vínculos conducen a la inestabilidad y la frustración. Esto se debe a que los vínculos deben ser absolutos o relativos. En el caso de los vínculos absolutos, deberá incluir el libro de recursos de ruta de acceso completa, mientras que en el caso de los vínculos relativos, solo necesita incluir la diferencia entre las rutas de destino y las rutas de origen. Esto puede sonar sensato hasta que se encuentre con las reglas en las que Excel decide emplear se puede usar cuando puede usar cada tipo de vínculo y cuándo puede cambiarlas.

Estas reglas se rigen por numerosas opciones. Algunas de estas reglas dependen de si el libro se guardó y si se guardó antes de insertar cada vínculo. Hay ocasiones en las que Excel cambiará automáticamente el vínculo cuando abra un libro de trabajo y use la opción Guardar como para copiar el archivo. Excel también puede cambiar los vínculos cuando simplemente guarda el libro de trabajo hacia abajo. Una de las principales desventajas de usar esta opción es que los enlaces pueden romperse fácilmente, y es difícil recuperar todos los enlaces rotos. Esto también es un asunto que consume mucho tiempo, ya que no se puede utilizar los archivos que se ven afectados por los enlaces rotos.

Los datos vinculados solo se actualizarán cuando todos los archivos subyacentes estén abiertos a menos que edite vínculos y actualice valores. Es debido a esto que es posible que necesite abrir 3 o 4 libros de trabajo para asegurarse de que toda la información fluye a través de en el orden correcto. Si realizó un cambio en el valor en el primer libro pero abrió solo el 3er libro de trabajo, no verá ningún cambio porque el segundo libro todavía no tiene los valores actualizados.

Es lógico crear un cambio en los datos, pero esto aumentará la probabilidad de que los datos sean incorrectos o/y/y al abrir un libro de trabajo otra persona ya esté editando el trabajo subyacente. Puede evitar el uso de libros de trabajo de vínculos, pero existe la posibilidad de que termine introduciendo los mismos datos en más de un libro de trabajo. El peligro con esto es que usted puede escribir los datos de manera diferente cada vez.

Validación de datos

Debe recordar que cualquier usuario puede introducir datos en cualquier sistema informático. Las personas pueden transponer dígitos en números o escribir mal palabras con regularidad monótona. Debe asegurarse de comprobar los datos cuando se introducen o tendrá un problema al final.

Excel siempre aceptará cualquier tipo de usuario. Por lo tanto, es posible configurar una validación mediante listas, pero es imposible mantener esta lista, especialmente si ese campo se utiliza en varios lugares. Por ejemplo, si un usuario debe introducir un número de referencia de cliente o un ID de documento, puede introducir el registro incorrecto. Para evitar esto, siempre es bueno tener algunas comprobaciones en el libro de trabajo. Si no hay integridad de datos, el sistema se verá fatalmente comprometido, lo que afectará al análisis.

Es posible que ya esté sufriendo de este problema sin haberse dado cuenta de cuál es la causa raíz. Consideremos una situación en la que hay una lista de facturas que ha introducido en Excel Find el usuario ha escrito el nombre de cada cliente de forma diferente en cada factura. Tienes facturas a John Limited, John Ltd y John. Usted es consciente de que estas facturas apuntan a la misma empresa o cliente, pero Excel no es consciente de esto. Esto significa que cualquier análisis que haya realizado con estos datos siempre le dará varios resultados cuando solo deberían ser uno.

Problemas de navegación

Es difícil navegar a través de libros de trabajo grandes. El número de pestañas de la hoja en la parte inferior de la ventana es difícil de usar y es una manera terrible de encontrar su camino alrededor del libro de trabajo. Si hay muchas hojas en el libro de trabajo, y no puede verlas todas en la pantalla, será difícil para usted encontrar lo que está buscando. Siempre puede hacer clic en la flecha a la izquierda de su hoja activa, pero sólo verá las primeras veinte hojas en esa ventana. No puede ordenar ni agrupar la lista de planos en ningún orden.

Problemas de seguridad

Puede agregar muchas características de seguridad a un libro de Excel, pero todavía va a tener muchos problemas. Es más importante trabajar para proteger la estructura del libro de trabajo, en lugar de preocuparse por los datos. Siempre puede bloquear algunas hojas y celdas en el libro de trabajo para evitar que algunos usuarios realicen cambios en los datos o fórmulas. Independientemente de si protege la hoja o no, si alguien puede ver los datos, puede realizar cambios en ella. Puede evitar esto mediante el uso de algunas habilidades macro inteligentes.

Problemas de velocidad

Debe recordar que Excel no es la aplicación más rápida que hay, y el lenguaje de programación que usamos en Excel, VBA es lento y ligeramente lento en comparación con los lenguajes más profesionales como C y C. Esto se debe al uso previsto de Excel y su flexibilidad. Debe recordar que Excel es un motor de hoja de cálculo solo, y solo se puede usar para administrar grandes volúmenes de datos. Esto no significa que siempre debe usar Excel para este tipo de trabajo. Hay muchas otras aplicaciones que puede utilizar para realizar este tipo de tareas, ya que esas aplicaciones se diseñaron para realizar estas funciones.

Introduzca la base de datos

Si se enfrenta a cualquiera de los problemas que se han enumerado anteriormente, no debe ignorarlos. La respuesta o solución a estos problemas es almacenar los datos de forma estructurada. Esto significa que tendremos que empezar a guardar datos en una base de datos. Esto le permitirá pensar en sus datos de una manera lógica. Usted tiene la capacidad de ver cómo los datos de soldadura juntos y cómo tendrá que interactuar con él para analizar la información.

Sin embargo, debes prestar o debesto. Si pasa de hojas de cálculo a bases de datos, no debe duplicar el diseño de una hoja de cálculo. En su lugar, usted debe encontrar una manera de hacer el diseño mejor. Hay algunas aplicaciones de base de datos generales, que se enumeran a continuación con las que puede construir una solución simple. Alternativamente, también puede utilizar aplicaciones de base de datos especializadas que le permiten cambiar de hoja de cálculo a bases de datos en pocos minutos, estas aplicaciones se adaptan mejor al big data.

Por ejemplo, si tiene una lista de clientes, sus detalles y cualquier interacción que haya tenido con estos clientes, debe considerar el uso de un sistema de gestión de relaciones con el cliente. El sistema de gestión de relaciones con el cliente es una base de datos especializada. Del mismo modo, puede guardar cuentas en paquetes como Sage y QuickBooks. Puede haber ocasiones en las que no pueda encontrar una aplicación existente que se adapte a sus necesidades. En esos momentos, es posible que deba crear una base de datos por sí mismo o solicitar ver el departamento de TI o cualquier consultor para crear la base de datos para usted.

La base de datos relacional es el tipo más común de base de datos utilizada en el mundo actual. Esta base de datos almacena información o datos en forma de tablas que consta de columnas y filas de datos. Cada dato de fila contendrá un elemento independiente y cada columna describirá un atributo diferente de ese elemento. Por ejemplo, si las filas contienen información del cliente, las columnas pueden describir atributos como el nombre del cliente y el identificador de cliente. Todo lo que necesita hacer es introducir los datos una vez y, a continuación, puede utilizar los mismos datos para imprimir en cada factura.

Cada tabla de una base de datos relacional tiene una relación entre ellas. Puede tomar la relación entre una factura y el ID de cliente. Aquí siempre puede encontrar una factura relacionada con un cliente específico mediante el ID de cliente. Como alternativa, también puede recuperar la información del cliente de la factura si es necesario. Todo lo que necesita hacer es introducir los datos de cliente de uno en la base de datos para crear un registro, y puede usar esa información en diferentes facturas sin tener que volver a escribir los datos. Para usar o crear una base de datos, debe definir las tablas y las relaciones entre esas tablas y, a continuación, definir el tipo de diseño que desea utilizar para editar o enumerar los datos.

Hay más de una docena de aplicaciones que puede elegir. Algunas de las aplicaciones son fáciles de usar y hacen el trabajo por usted. Estas aplicaciones le permitirán definir la tabla, la pantalla de datos y los informes. Hay otras aplicaciones que son más útiles en áreas específicas, pero requerirán otras herramientas para realizar el trabajo.

Por ejemplo, algunas aplicaciones pueden ser muy eficaces cuando viene la definición de una tabla y la relación que la tabla comparte con la base de datos y otras tablas, y también puede tener algunas características excelentes de análisis e informes. Esta aplicación puede, sin embargo, carecer de una herramienta que le permitirá definir la pantalla de entrada de datos. Un ejemplo obvio de una aplicación de este tipo es Microsoft SQL. Como es el caso de los sistemas de base de datos grandes, el servidor SQL Server solo se encargará del back-end anual que espera que use, y de otras herramientas como el estudio visual para desarrollar o mantener el front-end.

Elegir la base de datos correcta

Acceso

Microsoft Access es una de las bases de datos más antiguas disponibles. Esto es fácil de usar y es extremadamente fácil de abusar. Puede diseñar pantallas, informes y tablas desde cero o utilizar una plantilla existente. Algunas de las plantillas de Access no te enseñan algunas buenas prácticas, pero te ayudarán a comenzar rápidamente. Las características y opciones de programación y pantalla son sofisticadas, y puede implementar la aplicación en la intranet sin tener que depender de compartir los archivos con los usuarios.

Sharepoint

SharePoint es una aplicación de almacenamiento de documentos y una base de datos. Esta aplicación se puede utilizar para compilar y vincular listas simples. Puede usar el diseñador de formularios para personalizar el panel, pero es importante recordar que no es una aplicación sofisticada para usar. SharePoint tiene la capacidad de chupar la información de Excel y colocarla en una lista personalizada. Esto hace que sea una aplicación útil ya que todo el mundo en su red tendrá acceso a la lista. Puede optar por añadir algunas características de seguridad que restringirán el acceso para algunas personas. SharePoint también puede enviarle un correo electrónico de alerta cuando alguien realiza un cambio (agrega, elimina o edita) a un registro. También puede sincronizar la información con Outlook si tiene algunos datos que conciernen a una persona, calendario o tarea.

Zoho Creator

Hay una aplicación de base de datos que puede utilizar en los servicios de oficina de Zoho disponibles en Internet. Puede arrastrar y soltar el diseño requerido de una manera fácil. Esto también le ayudará a decidir cómo debe fluir el trabajo y cómo puede ser la interacción. Dado que se trata de una aplicación web, los datos que utiliza y las aplicaciones que desarrolla se pueden encontrar en cualquier lugar. Por lo tanto, debe utilizar las características de seguridad simples que proporciona esta aplicación para mantener sus datos privados. Zoho te cobra al mes, pero te permitirá almacenar solo algunos registros dependiendo del precio que elijas pagar. Si desea utilizar funciones avanzadas como la integración de correo electrónico, tendrá que pagar una cantidad adicional de dinero.

CAPÍTULO 14

Cómo Usar Datos de Excel

Hay ocasiones en las que tendrá que copiar manualmente los datos de un archivo de Excel al siguiente. Siempre puede automatizar este proceso si es necesario y también asegurarse de que los datos se copian correctamente. También puede verificar si los datos copiados no tienen duplicaciones y no se introduce ninguna figura en una ubicación incorrecta. Esto le ayudará a ahorrar mucho tiempo.

Puede escribir el código en el evento Workbook_Open() o incluir una función en el objeto ThisWorkBook para realizar esta función. Al escribir el código en el evento anterior, el compilador se asegurará de que todas las figuras se copian correctamente cuando el archivo de origen está abierto.

Cuando desee desarrollar el código, debe abrir el archivo de Excel de destino y presionar el acceso directo Alt+F8. El módulo ThisWorkBook se puede encontrar en objetos de Microsoft Excel en la ventana Explorador de proyectos. Ahora debe abrir la ventana y elegir el objeto "Libro de trabajo" en el menú desplegable del objeto[46].

Opción Explícita

Private Sub Workbook_Open()

Llame a ReadDataFromCloseFile

End Sub

Sub ReadDataFromCloseFile()

En error GoTo Errhandler

Application.ScreenUpdating á False

Dim src As Workbook

' ABRA EL LIBRO DE EXCEL DE ORIGEN EN "MODO DE SOLO LECTURA".

Set src á Workbooks.Open("C:-Q-SALES.xlsx", True, True)

' OBTENER EL TOTAL DE FILAS DEL LIBRO DE TRABAJO DE ORIGEN.

Dim iTotalRows As Integer

iTotalRows á src. Hojas de trabajo("sheet1"). Range("B1:B" & Cells(Rows.Count, "B"). Final (xlUp). Fila). Rows.Count

' COPIAR DATOS DE ORIGEN (CERRAR GRUPO DE TRABAJO) AL LIBRO DE TRABAJO DE DESTINO.

---

[46] Cómo obtener valores de otra hoja en Excel mediante VBA. (2019). Obtenido de https://chartio.com/resources/tutorials/how-to-get-values-from-another-sheet-in-excel-using-vba/

157

```
Dim iCnt As Integer   ' COUNTER.

Para iCnt 1 a iTotalRows
```

Hojas de trabajo("Sheet1"). Range("B" e iCnt). Fórmula ?

Fuente. Hojas de trabajo("Sheet1"). Range("B" e iCnt). Fórmula

```
Next iCnt

' CERRAR EL ARCHIVO DE ORIGEN.
```

Fuente. Cierre False ' FALSE - DON'T SAVE THE SOURCE FILE.

Establecer src - Nada

ErrHandler:

Application.EnableEvents ? True

Application.ScreenUpdating á True

End Sub

Propiedad Application.ScreenUpdating

En la primera línea del código, verá que la propiedad Application.ScreenUpdating está establecida en false. Esto le ayudará a mejorar la velocidad de la macro que se escribió.

Abra el archivo de código fuente y lea los datos

El siguiente paso es abrir el libro de trabajo de origen desde el que está copiando la información. Recuerde que Excel abrirá el archivo de origen en el estado de solo lectura, lo que garantizará que no se realicen cambios en el archivo de origen.

Set src á Workbooks.Open("C:-Q-SALES.xlsx", True, True)

Una vez que haya obtenido la información necesaria, el compilador contará el número de filas que están presentes en el libro de Excel de origen. Este bucle se ejecutará y los datos se copiarán con precisión desde el origen hasta el destino.

' COPIAR DATOS DEL ORIGEN (CERRAR GRUPO DE TRABAJO) AL ARCHIVO DE DESTINO.

Para iCnt 1 a iTotalRows

   Hojas de trabajo("Sheet1"). Range("B" e iCnt). Fórmula ?

    Fuente. Hojas de trabajo("Sheet1"). Range("B" e iCnt). Fórmula

Next iCnt

Una vez que los datos se han copiado, puede establecer la propiedad Application.ScreenUpdating en true.

CAPÍTULO 15

Cómo Manipular Datos en Excel

Cada macro procesará el código que se escribe para manipular y administrar grandes volúmenes de datos. El último capítulo le mostró cómo puede usar VBA para dar formato a celdas y campos específicos en Excel para cumplir con sus criterios.

A continuación se muestra un ejemplo de un script VBA:

```
Sub ConfigureLogic()

Dim qstEntries

Dim dqstEntries

Dim qstCnt, dqstCnt

qstEntries - Range("QualifiedEntry"). Contar

qst á qstEntries -
WorksheetFunction.CountIf(Range("QualifiedEntry"), "")

ReDim QualifiedEntryText(qst)

'MsgBox (qst)

dqstEntries - Range("DisQualifiedEntry"). Contar
```

```
dqst á dqstEntries -
WorksheetFunction.CountIf(Range("DisQualifiedEntry"), "")

ReDim DisqualifiedEntryText(dqst)

'MsgBox (dqst)

Para qstCnt 1 Para qst

QualifiedEntryText(qstCnt) á
ThisWorkbook.Worksheets("Qualifiers"). Range("J" & 8 +
qstCnt).value

'MsgBox (QualifiedEntryText(qstCnt))

registro ("Entrada de entrada calificada configurada " & qstCnt & "
como "" & QualifiedEntryText(qstCnt) & "-")

próximo

Para dqstCnt 1 A dqst

DisqualifiedEntryText(dqstCnt) á
ThisWorkbook.Worksheets("Qualifiers"). Range("M" & 8 +
dqstCnt).value

'MsgBox (DisqualifiedEntryText(dqstCnt))

logging ("Configured DisQualified Entry entry " & qstCnt & " as ""
& DisqualifiedEntryText(dqstCnt) & "-")

próximo

includeEntry : ThisWorkbook.Worksheets("Qualifiers").
Range("IncludeSibling").value

'MsgBox (includeEntry)

registro ("Entradas incluidas en la búsqueda - " & includeEntry)

End Sub
```

Cómo analizar y manipular datos en una hoja de cálculo

Si desea analizar datos usando VBA, debe mirar los diferentes ajustes de macro en Excel. Debe asegurarse de que todas las configuraciones se ajusten al requisito. También debe asegurarse de que cada configuración de macro está activada en Excel. Ahora, debe crear una hoja de trabajo y llamarla 'Calificadores'. Esta es la hoja de trabajo que usaremos para asegurarnos de que los datos son precisos y cumplen con todos los requisitos. A continuación, puede configurar los calificadores necesarios utilizando el código que ha escrito. Recuerde que no puede copiar y pegar estos calificadores, pero tendrá que introducirlos en el sistema manualmente.

ThisWorkbook.Worksheets("Qualifiers"). Range("J" & 8 + qstCnt).value

Cómo construir una matriz y localizar el rango

En la función anterior, el rango comenzará desde la celda J9. La función nota 8, pero el rango es 9 ya que hemos declarado que el qstCnt es 1 utilizando el siguiente código:

Para qstCnt 1 Para qst

Es debido a esta declaración que la lista comenzará en 9.

Si desea construir una matriz utilizando las entradas de la hoja de trabajo Calificadores, debe agregar palabras o números aleatorios entre las celdas J9 y J13, incluidas esas celdas. Cuando las filas están completas, puede encontrar y manipular los datos en Excel.

SubCountSheets Privados()

Recuento de sábanas diminutas

Dim WS Como Hoja de Trabajo

recuento de hojas 0

registro ("*****Inicio de Scrub*********")

Para cada WS en ThisWorkbook.Worksheets

recuento de hojas + 1

Si WS. Nombre: "Seleccionado" A continuación

'necesidad de registrar la fecha y la hora en una hoja denominada "Registro"

ActionCnt - ActionCnt + 1

registro ("Hoja de llamadas: " & WS. Nombre)

hoja de exfoliación (recuento de sábanas)

Más

ActionCnt - ActionCnt + 1

registro ("Skipped over sheet: " & WS. Nombre)

End If

Siguiente WS

'MsgBox ("final")

ActionCnt - ActionCnt + 1

registro ("****Scrub DONE!")

Application.ScreenUpdating á True

End Sub

En el ejemplo siguiente se muestra cómo puede escribir una macro para un contador de pestañas de trabajo.

Recuento de sábanas diminutas

Dim WS Como Hoja de Trabajo

recuento de hojas 0

registro ("*****Inicio de Scrub*********")

Para cada WS en ThisWorkbook.Worksheets

recuento de hojas + 1

Al inicializar la variable de recuento de planos, primero debe establecerla en cero antes de reiniciar el contador. También puede utilizar la subrutina logging() para realizar un seguimiento de todas las acciones de la pestaña calificadores para realizar las selecciones correctas. El bucle For del ejemplo anterior configurará la variable de recuento en el libro activo. Una vez que inicialice WS, hará que la hoja de trabajo que se encuentra actualmente en la hoja de trabajo activa. Puesto que este módulo no tiene nombre, se ejecutará en cualquier libro de trabajo. Si tiene muchos libros de trabajo abiertos, este módulo puede ejecutarse en un libro de trabajo incorrecto. Si desea evitar errores, debe asignar un nombre al libro en el que desea que se ejecute el módulo.

Cuando se ejecuta el bucle, agregará otra variable al recuento de hojas y realizará un seguimiento de las pestañas. A continuación, nos moveremos a

Si WS. Nombre: "Seleccionado" A continuación

'necesidad de registrar la fecha y la hora en una hoja denominada "Registro"

ActionCnt - ActionCnt + 1

registro ("Hoja de llamadas: " & WS. Nombre)

hoja de exfoliación (recuento de sábanas)

Más

ActionCnt - ActionCnt + 1

registro ("Skipped over sheet: " & WS. Nombre)

End If

En esta sección del código, estamos tratando de buscar la pestaña Seleccionado. VBA ejecutará la subrutina si la variable WS es la misma que la Hoja de trabajo seleccionada. Si la variable no es la misma, el compilador no mirará la hoja y la acción se analizará y contará. El código anterior es un ejemplo de cómo puede escribir macro para localizar una pestaña específica o contar el número de pestañas en la macro.

En las siguientes partes de este capítulo, veremos las diferentes maneras en que puede manipular los datos en Excel.

Diferentes formas de manipular datos

Cuente el número de hojas en un libro de trabajo[47]
Dim TAB

Para cada TAB en ThisWorkbook.Worksheets

'alguna rutina aquí

próximo

Filtrar mediante el uso de criterios avanzados
Rango("A2:Z99"). Ordenar clave1:-Rango("A5"), order1:-xlAscending, Encabezado:-xlNo

---

[47] Cómo manipular datos en Excel mediante VBA. (2019). Obtenido de https://ccm.net/faq/53497-how-to-manipulate-data-in-excel-using-vba

Busque la última columna, celda o fila en una hoja de trabajo

Recuento de células tenue

cellcount : Cells(ThisWorkbook.Worksheets("worksheet"). Rows.Count, 1). Final (xlUp). Fila

Obtención de valores de otra hoja de trabajo

dim newvalue

newvalue: ThisWorkbook.Worksheets("worksheet"). Rango("F1").valor

Aplicar ajuste automático a una columna

Columnas("A:A"). EntireColumn.AutoFit

Adición de rangos con nombre a hojas específicas

ThisWorkbook.Worksheets("worksheet"). Names.Add Name:"Status", RefersToR1C1:"-worksheet! C2"

Insertar filas en una hoja de trabajo

Dim Row, Columna

Cells(Row, Column). EntireRow.Select

Selection.Insert

Copiar una fila completa para pegar

ActiveSheet.Range("A1"). EntireRow.Select

Selection.Copy

Eliminar una fila completa

ActiveSheet.Range("A1"). EntireRow.Select

Selection.Delete

Insertar una columna en una hoja de trabajo

Dim Row, Columna

Cells(Row, Column). EntireColumn.Select

Selection.Insert

Insertar varias columnas en una hoja de trabajo

Dim insertCnt

Dim Row, Columna

Para insertCnt 1 a N

ThisWorkbook.Worksheets("worksheet"). Seleccione

Cells(Row, Column). EntireColumn.Select

Selection.Insert

próximo

Seleccione una hoja específica

ThisWorkbook.Worksheets("worksheet"). Seleccione

Comparar valores en un rango

Dim firstrange

Dim Logictest

Logictest - "alguna palabra o valor"

If (Range(firstrange).value ? Logictest) entonces

'alguna rutina aquí

End If

CAPÍTULO 16

Recursos Para la Ayuda de VBA

No puede esperar convertirse en un experto de VBA en un día. Es un viaje y tendrás que practicar mucho antes de convertirte en un experto. La mejor parte acerca de la codificación en VBA de Excel es que hay muchos recursos que puede usar para mejorar sus conocimientos en Excel. Este capítulo cubre algunos de los mejores lugares que puede visitar y algunos de los mejores recursos que puede utilizar si necesita un empujón en la dirección correcta.

Permita que Excel escriba el código por usted

Si ha leído los capítulos anteriores, sabe que puede usar la grabadora de macros para ayudarle a comprender el código. Cuando graba cualquier macro o los pasos que desea automatizar mediante una macro de registros, Excel escribirá el código subyacente por usted. Una vez que grabe el código, puede revisarlo y ver lo que la grabadora ha hecho. A continuación, puede convertir el código que la grabadora ha escrito en algo que se adapte a sus necesidades.

Por ejemplo, si necesita escribir una macro para actualizar una tabla dinámica o todas las tablas dinámicas del libro y borrar todos los filtros de la tabla dinámica, será difícil escribir el código desde cero. En su lugar, puede empezar a grabar la macro y actualizar cada tabla dinámica y eliminar todos los filtros usted mismo. Cuando deje de

168

grabar la macro, puede revisarla y realizar los cambios necesarios en el código.

Para un nuevo usuario de Excel, pareceque el sistema de ayuda es un complemento que siempre devuelve una lista de temas que no tienen nada que ver con el tema que está buscando. La verdad es que cuando aprendes a usar el Sistema de Ayuda correctamente, es la forma más fácil y rápida de obtener más información sobre un tema. Hay dos principios básicos que debe tener en cuenta:

La ubicación importa cuando pide ayuda

Hay dos sistemas de ayuda en Excel: uno que proporciona ayuda sobre las diferentes características en Excel y el otro que proporciona información sobre algunos temas de programación VBA. Excel no realizará una búsqueda global, pero lanzará los criterios contra el sistema de ayuda que se encuentra en su ubicación actual. Esto significa que recibirá la ayuda que necesita dependiendo de la área de Excel en la que esté trabajando. Si desea ayuda sobre VBA y macros, debe estar en el entorno de Visual Basic (VBE) cuando busque información. Esto garantizará que la búsqueda de palabras clave se realice en el sistema de ayuda correcto.

Elija Ayuda en línea sobre la ayuda sin conexión

Cuando busque información sobre un tema, Excel verá si está conectado a Internet. Si el sistema está conectado a Internet, Excel devolverá resultados utilizando contenido en línea en el sitio web de Microsoft. De lo contrario, Excel usará los archivos de ayuda que se almacenan sin conexión en Microsoft Office. Siempre es bueno elegir la ayuda en línea ya que el contenido es más detallado. También incluye información actualizada y los vínculos a otros recursos que puede usar.

Uso del código de Internet

El secreto para crear programas grandes es que nunca tendrás que volver a escribir código nuevo. La sintaxis de macro o todo el programa que desea utilizar está sin duda disponible en Internet. Esto significa que nunca tienes que construir nada desde cero. Siempre puede usar el código que está disponible en Internet y aplicar ese código para compilar diferentes aplicaciones.

Si estás atascado con la creación o escritura de una macro para una tarea específica, todo lo que necesitas hacer es describir la tarea que quieres realizar con la Búsqueda de Google. Todo lo que necesita hacer es agregar las palabras "Excel VBA" antes de describir su requisito.

Por ejemplo, si desea escribir una macro que le permitirá eliminar todas las filas en blanco en una hoja de trabajo, debe buscar "¿Cómo eliminar filas en blanco en Excel usando VBA?". Puedes apostar un salario de años enteros que alguien en algún lugar ya ha desarrollado código para el mismo problema. Probablemente haya un ejemplo que esté disponible en Internet que le dará una idea de lo que necesita hacer. De esta manera usted puede simplemente construir su propia macro.

Aprovechar los foros de usuarios de VBA de Excel

Cuando te encuentres en problemas, deberías publicar una pregunta en un foro y luego obtener orientación basada en tu requisito. Un foro de usuarios es una comunidad en línea que gira en torno a temas específicos. Usted puede hacer numerosas preguntas en estos foros y obtener consejos de expertos sobre cómo debe resolver algunos problemas. Las personas que responden a sus preguntas son voluntarios apasionados por ayudar a la comunidad a resolver algunos problemas del mundo real.

Hay muchos foros que se dedican a ayudar a las personas con Excel. Si desea encontrar un foro de este tipo, debe escribir "Foro de Excel" en la Búsqueda de Google. Echemos un vistazo a algunos consejos que puede utilizar para sacar el máximo provecho del formulario de usuario.

Siempre debe leer el foro y seguir todas las reglas antes de comenzar. Estas reglas a menudo incluirán algunos consejos sobre cómo debe publicar sus preguntas y también la etiqueta que debe seguir.

Compruebe siempre si la pregunta que desea hacer ya ha sido respondida. Usted debe tratar de ahorrar algo de tiempo mirando los archivos. Ahora, tómese un momento para mirar el foro y verificar si alguna de las preguntas que desea que las respuestas ya han sido hechas.

Debe utilizar títulos precisos y concisos para cualquiera de sus preguntas. Nunca debe crear una pregunta de foro utilizando un título abstracto como "Ayuda por favor" o "Necesita asesoramiento".

Siempre debe asegurarse de que el alcance de su pregunta es limitado. Nunca debe hacer preguntas como "¿Cómo debo crear una macro de contabilidad en Excel."

Siempre debes ser paciente, y recuerda que las personas que están respondiendo a tus preguntas son aquellas que tienen un trabajo diurno. Siempre debe dar a la comunidad tiempo suficiente para responder a las preguntas.

Siempre debe comprobar a menudo cuando publique sus preguntas. Probablemente recibirá información para obtener más detalles sobre su pregunta. Siempre debe volver a su publicación para responder a algunas preguntas de seguimiento o revisar la respuesta.

Siempre debe agradecer a la persona que ha respondido a su pregunta. Si usted iba a recibir una respuesta que le ayuda, debe agradecer al experto que le ha ayudado.

Aprovechar en los blogs y artículos de VBA de Excel

Hay algunos Excel Gurus dedicados que han compartido sus conocimientos a través de sus blogs. Estos blogs son tesoros de trucos y consejos. Tienen información que puedes usar para desarrollar tus habilidades. La mejor parte del uso de estos blogs es que son de uso gratuito.

Estos blogs no necesariamente responden a sus preguntas específicas, pero ofrecen muchos artículos que puede usar para avanzar en su conocimiento de VBA y Excel. Estos blogs también pueden proporcionar algunas instrucciones generales sobre cómo puede aplicar Excel en diferentes situaciones. Veamos algunos blogs populares de Excel:

ExcelGuru

ExcelGuru es un blog configurado por Ken Puls. Es un MVP de Excel que comparte todos sus conocimientos en su blog. Aparte del blog, Ken también ofrece muchos recursos de aprendizaje que puede usar para mejorar sus conocimientos en Excel.

Org

Org es un blog creado por Purna Chandoo Duggirala. Es un experto en Excel de la India que se unió a la escena en 2007. Su blog ofrece soluciones innovadoras y algunas plantillas gratuitas que te harán "impresionante en Excel".

Contexturas

Debra Dalgleish es la propietaria de un popular sitio web de Excel y es genial con Microsoft Excel. Ella ha incluido cerca de 350 temas en su sitio web, y definitivamente habrá algo que se puede leer.

DailyDose

El DailyDose es un blog que es propiedad de Dick Kusleika. Es el blog de Excel más largo y Dick es un experto en Excel VBA. Ha escrito artículos y blogs durante más de diez años.

MrExcel

Bill Jelen siempre usa Excel para resolver cualquier problema que tenga en el trabajo. Ofrece una gran biblioteca de recursos de formación y más de miles de videos gratuitos.

Minería de YouTube para algunos videos de capacitación de VBA de Excel

Si sabes que hay algunos videos de capacitación que están disponibles en Internet, y estas sesiones son mejores que los artículos, deberías buscar esos videos. Hay muchos canales que son dirigidos por expertos increíbles que son apasionados por compartir conocimientos. Usted se sorprenderá gratamente de ver la calidad de esos videos.

Asistir a una clase de capacitación de VBA de Excel en línea en vivo

Las sesiones de capacitación en vivo son una gran manera de absorber un buen conocimiento de Excel formando un conjunto diverso de personas. El instructor está proporcionando cierta información sobre diferentes técnicas, pero las discusiones realizadas después de la clase le dejarán una gran cantidad de ideas y consejos. Tal vez nunca hayas pensado en estas ideas nunca antes. Si puede sobrevivir a estas clases, siempre debe considerar asistir a más de estas sesiones. Estos son algunos sitios web que puede utilizar para este tipo de sesiones:

- Org

- ExcelHero

- ExcelJet

- Aprender del Centro para Desarrolladores de Microsoft Office para obtener ayuda con VBA

Debeusar el Centro de desarrollo de Microsoft Office para obtener ayuda sobre cómo iniciar la programación en productos de Office. El sitio web es un poco difícil de navegar, pero vale la pena mirar el código de ejemplo, recursos gratuitos, instrucciones paso a paso, herramientas y mucho más.

Disección de otros archivos de Excel en su organización

Es posible que los empleados anteriores o los empleados actuales hayan creado archivos que ya respondan a algunas de sus preguntas. Debe intentar abrir diferentes archivos de Excel que contienen las macros correctas, y también mirar cómo funcionan estas macros. A continuación, vea cómo otros empleados de la organización desarrollan macros para diferentes aplicaciones. Debe intentar no pasar por la macro línea por línea, pero debe buscar algunas técnicas nuevas que se hayan utilizado.

También puedes tratar de identificar nuevos trucos que quizás nunca hayas pensado. Probablemente también tropezará con algunos fragmentos grandes de código que puede implementar o copiar en sus libros de trabajo.

Pregunte al gurú local de Excel

¿Hay un genio de excel en su departamento, empresa, comunidad u organización? En caso afirmativo, deberías hacerte amigo de esa persona ahora. Esa persona se convertirá en tu propio gurú personal. A los expertos de Excel les encanta compartir sus conocimientos, por lo que nunca debe tener miedo de acercarse a un experto si tiene alguna pregunta o desea buscar consejo sobre cómo puede resolver algunos problemas.

CAPÍTULO 17

Errores Para Evitar

Si está leyendo este capítulo, estará familiarizado con VBA de Excel. Es fácil para cualquier persona cometer errores cuando escribe un código en VBA. Estos errores te costarán mucho. En este capítulo se enumeran los errores comunes que cometen la mayoría de los aficionados a VBA.

No usar matrices

Un error interesante que la mayoría de los programadores VBA cometen es que intentan procesar todas las funciones en un gran bucle anidado. Filtran los datos a través de las diferentes filas y columnas de la hoja de cálculo durante el proceso de cálculo. Este método puede funcionar, pero puede provocar problemas de rendimiento. Si tiene que realizar la misma función repetidamente, la eficiencia de la macro disminuirá. Cuando recorre la misma columna y extrae los valores cada vez, no solo afecta a la macro, sino que también afecta al procesador. Una manera eficaz de manejar una lista de números es usar una matriz.

Si no ha utilizado una matriz antes, permítanme presentarles ahora. Una matriz es un conjunto de elementos que tienen el mismo tipo de datos. A cada elemento de la matriz se le da un índice. Debe utilizar este índice para hacer referencia al elemento de la matriz. Una matriz

176

se puede definir mediante la siguiente instrucción: Dim MyArray (12) como Integer. Esto creará una matriz con 12 índices y variables que necesitará llenar. Veamos cómo se verá un bucle con una[48] matriz:

Sub Test1()

>   Dim x As Integer
>
>   intNumRows á Range("A2", Range("A2"). End(xldown)). Rows.Count
>
>   Rango ("A2"). Seleccione
>
>   Para x 1 A intNumRows
>
>   arrMyArray(x-1) á Range("A" & str(x)).value)
>
>   ActiveCell.Offset(1, 0). Seleccione
>
>   próximo

End Sub

En este ejemplo, el código se procesa a través de cada celda del intervalo antes de realizar la función de cálculo.

Usando. Seleccione o . Activar

No es necesario utilizar siempre el archivo . Seleccione o . Active las funciones al escribir código en VBA. Es posible que desee utilizar estas funciones ya que la Grabadora de macros las genera. Estas funciones no son necesarias por las siguientes razones:

---

[48] 7 Errores comunes de VBA que se deben evitar : hojas de cálculo fáciles. (2019). Obtenido de https://www.spreadsheetsmadeeasy.com/7-common-vba-mistakes-to-avoid/

- Estas funciones pueden llevar a la repintura de la pantalla. Si utiliza la siguiente función Sheets("Sheet1"). Active, Excel volverá a dibujar la pantalla para que pueda ver Sheet1. Esto dará lugar a una macro lenta.

- Estas funciones confundirán a los usuarios, ya que va a manipular el libro de trabajo cuando el usuario está trabajando en él. Hay algunos usuarios que se preocuparán de que están siendo hackeados.

Debe usar estas funciones solo cuando desee llevar al usuario a una celda o hoja de cálculo específica. De lo contrario, debe eliminar la línea de código, ya que hará más daño que bien.

Uso del tipo de variante

Otro error que cometen la mayoría de los programadores es usar un Tipo cuando realmente están usando otro. Si nos fijamos en el siguiente código, pensará que a, b y c son del tipo Long. Bueno, eso es incorrecto ya que las variables a y b son del tipo Variant. Esto significa que pueden ser cualquier tipo de datos y pueden cambiar de un tipo a otro.

Es peligroso tener un tipo de variante ya que será difícil para usted identificar los errores en su código. Siempre debe evitar los tipos Variant en VBA. Hay algunas funciones que necesitarán el uso de un tipo Variant, pero debe evitarlas si puede.

No se utiliza Application.ScreenUpdating - False

Cuando realice un cambio en una celda o un grupo de celdas en el código, Excel tendrá que volver a pintar la pantalla para mostrar al usuario los cambios. Esto hará que sus macros sean lentas. Al escribir una macro la próxima vez, debe utilizar las siguientes líneas de[49]código:

Public Sub MakeCodeFaster()

   Application.ScreenUpdating á False

   ' Bloque de código

   ' Este ajuste siempre debe restablecerse

   Application.ScreenUpdating á True

End Sub

Hacer referencia al nombre de la hoja de trabajo con una cadena

[50]Las personas se referirán a una hoja de cálculo mediante una cadena. Observe el siguiente ejemplo:

SubSheetReferenceExample()

   Dim ws Como hoja de trabajo

   Set ws á Sheets("Sheet1")

   Debug.Print ws. Nombre

End Sub

---

[49] 7 Errores comunes de VBA que se deben evitar : hojas de cálculo fáciles. (2019). Obtenido de https://www.spreadsheetsmadeeasy.com/7-common-vba-mistakes-to-avoid/

[50] 7 Errores comunes de VBA que se deben evitar : hojas de cálculo fáciles. (2019). Obtenido de https://www.spreadsheetsmadeeasy.com/7-common-vba-mistakes-to-avoid/

Esto parece inofensivo, ¿no? En la mayoría de los casos, es inofensivo. Imagine que le da a otra persona este libro de trabajo y que esa persona decide cambiar el nombre de la hoja a "Informar". Cuando intenta ejecutar la macro, la macro buscará "Sheet1", que ya no existe. Por lo tanto, esta macro no funcionará. Debe elegir hacer referencia a la hoja utilizando un objeto en lugar de utilizar la colección "Sheets". Para ser más resistentes, utilicemos el siguiente bloque de código:

```
SubSheetReferenceExample()

    Dim ws Como hoja de trabajo

    Set ws á Sheet1 ' usado para ser Sheets("Sheet1")

    Debug.Print ws. Nombre

End Sub
```

Si desea cambiar el nombre de Sheet1 a algo más significativo, puede ir a la ventana de propiedades del proyecto VBA y realizar un cambio en el nombre del módulo. Una vez que cambie el nombre del módulo, también tendrá que actualizar el código VBA.

No calificar las referencias de rango

[51]Este es un error común que la mayoría de las personas cometen cuando escriben su código, y es un verdadero dolor depurar este error. Este error aparece cuando no califica la referencia de rango en el código VBA. Tal vez te preguntes a qué me refiero cuando digo referencia de rango.

---

[51] 7 Errores comunes de VBA que se deben evitar : hojas de cálculo fáciles. (2019). Obtenido de https://www.spreadsheetsmadeeasy.com/7-common-vba-mistakes-to-avoid/

Cuando dices Range("A1"), ¿a qué hoja crees que se refiere el código? Se refiere a la hoja activa. Esto significa que el compilador examinará la celda A1 en la hoja de cálculo a la que hace referencia el usuario. Esto es inofensivo en la mayoría de las ocasiones, pero hay ocasiones en las que puede agregar más características al código. Estas características hacen que sea difícil para el compilador ejecutar el código. Cuando el usuario o incluso usted ejecuta el código, y hace clic en otra hoja de trabajo, el código se comportará de manera diferente. Veamos el siguiente ejemplo:

Public Sub FullyQualifyReferences()

    Dim fillRange As Range

    Set fillRange á Range("A1:B5")

    Celda dim como rango

    Para cada celda En fillRange

    Rango (celda. Dirección) - celda. Dirección

    Application.Wait (Now + TimeValue("0:00:01"))

    Doevents

    Próxima celda

End Sub

Ejecute el código en VBA y vea lo que sucede. Si no especifica la hoja de trabajo cuando utiliza la función Range(), Excel asumirá que está mirando la hoja activa. Para evitar esto, debe realizar un ligero cambio en el código. Todo lo que necesita hacer es cambiar Range(cell. Dirección) - celda. Dirección a Data.Range(celda. Dirección) - celda. Dirección.

En la segunda instrucción, los datos se refieren al objeto de hoja. Hay otras maneras de hacer esto, pero quería usar un ejemplo simple que no necesitaba la adición de demasiado código.

Escribir una función grande

Si vuelves a algunas de las funciones antiguas que puedes haber escrito, notarás que son muy largas. Tendrá que seguir desplazándose hasta llegar al final de la función.

Debe recordar que la función que escriba debe ajustarse a la pantalla. Debería poder ver el código sin tener que desplazarse. Debe asegurarse de mantener los métodos cortos mediante la creación de subprocedimientos o funciones auxiliares.

Uso de instrucciones anidadas para o if

[52]Es posible que haya leído antes que puede incluir muchos niveles de anidamiento al escribir el código. ¿Crees que es una buena idea? Deberá agregar comentarios y aplicar sangría al código para asegurarse de que otro usuario puede leer el código. Si no está seguro de lo que quiero decir anidando, veamos el siguiente ejemplo:

Public Sub WayTooMuchNesting()

Dim updateRange As Range

Set updateRange á Sheet2.Range("B2:B50")

Celda dim como rango

Para cada celda En updateRange

---

[52] 7 Errores comunes de VBA que se deben evitar : hojas de cálculo fáciles. (2019). Obtenido de https://www.spreadsheetsmadeeasy.com/7-common-vba-mistakes-to-avoid/

```
Si (celda. Valor > 1) Entonces

Si (celda. Valor < 100) A continuación

Si (celda. Desplazamiento(0, 1). Valor á "2x Costo")
Entonces

celda. Valor: celda. Valor * 2

Más

' no hacer nada

End If

End If

End If

Próxima celda
```

End Sub

Esto ciertamente no es un código limpio. Si utiliza más de tres niveles de anidamiento, ha ido demasiado lejos. Para reducir el número de niveles de anidamiento, debe invertir la condición en la instrucción If. En el ejemplo anterior, el código realizará un cambio si se aprueban un montón de instrucciones. Puede invertir esto para asegurarse de que el compilador solo ejecutará las instrucciones para el caso opuesto. De esta manera puede omitir los muchos niveles de anidamiento.

Veamos la versión actualizada[53] del ejemplo anterior.

---

[53] 7 Errores comunes de VBA que se deben evitar : hojas de cálculo fáciles. (2019). Obtenido de https://www.spreadsheetsmadeeasy.com/7-common-vba-mistakes-to-avoid/

```
Sub Reducido Público()

    Dim updateRange As Range

Set updateRange á Sheet2.Range("B2:B50")

    Celda dim como rango

    Para cada celda En updateRange

    Si (celda. Value <-1) Luego goTo NextCell

    Si (celda. Valor > 100) A continuación, Ir a NextCell

    Si (celda. Desplazamiento(0, 1). Valor <> "2x Cost") Luego
    GoTo NextCell

    celda. Valor: celda. Valor * 2

NextCell:

    Próxima celda

End Sub
```

También puede combinar las instrucciones If en el código anterior si lo desea.

Conclusión

En esa nota, hemos llegado al final de este libro. Quiero darle las gracias una vez más por la compra del libro y espero sinceramente que lo encuentre informativo.

Este libro le ayudará a obtener una buena comprensión de lo que es VBA y cómo puede usarlo para automatizar los procesos en Excel. El libro también le ayuda a entender cómo puede corregir código o manejar errores.

Espero que este libro le ayude a automatizar los muchos procesos que realiza en Excel.

¡Buena suerte!

Referencias

(2019). Obtenido de
http://users.iems.northwestern.edu/~nelsonb/IEMS435/VBA
Primer.pdf

10 Recursos para Excel VBA Help - dummies. (2019). Obtenido de
https://www.dummies.com/software/microsoft-
office/excel/10-resources-for-excel-vba-help/

7 Errores comunes de VBA que se deben evitar : hojas de cálculo
fáciles. (2019). Obtenido de
https://www.spreadsheetsmadeeasy.com/7-common-vba-
mistakes-to-avoid/

9 consejos rápidos para mejorar el rendimiento de la macro VBA.
(2019). Obtenido de
https://techcommunity.microsoft.com/t5/Excel/9-quick-tips-
to-improve-your-VBA-macro-performance/td-p/173687

Banik, A. (2019). VBA de Excel: lea los datos de un archivo o libro
de Excel cerrado sin abrirlo. Obtenido de
https://www.encodedna.com/excel/copy-data-from-closed-
excel-workbook-without-opening.htm

Bucle en Vba de Excel. (2019). Obtenido de https://www.excel-
easy.com/vba/loop.html

Bucles VBA: bucles De uso, de dos y hasta. (2019). Obtenido de
https://www.excelfunctions.net/vba-loops.html

Bucles VBA de Excel, con ejemplos. For Loop; Hacer bucle
    mientras; Haga Hasta Bucle. (2019). Obtenido de
    http://www.globaliconnect.com/excel/index.php?option=com
    _content&view=article&id=122:excel-vba-loops-with-
    examples-for-loop-do-while-loop-do-until-
    loop&catid=79&Itemid=475

Cadenas en VBA. (2019). Obtenido de
    http://codevba.com/learn/strings.htm#.W-RAHNUzaCg

Cadenas VBA. (2019). Obtenido de
    https://www.tutorialspoint.com/vba/vba_strings.htm

Consejos de solución de problemas de macros de Excel. (2019).
    Obtenido de https://www.contextures.com/excelvbatips.html

Diez consejos y trucos de VBA. (2019). Obtenido de http://what-
    when-how.com/excel-vba/ten-vba-tips-and-tricks/

EXCEL VBA - Introducción. (2019). Obtenido de
    https://www.tutorialspoint.com/excel_vba_online_training/ex
    cel_vba_introduction.asp

Excel VBA Primer. (2019). Obtenido de
    http://ce270.groups.et.byu.net/syllabus/vbaprimer/intro/index
    .php

Gómez, J. (2019). Se explican los bucles de VBA: Tutorial completo
    sobre 6 bucles VBA esenciales de Excel. Obtenido de
    https://powerspreadsheets.com/excel-vba-loops/#What-Is-
    An-Excel-VBA-Loop

Gómez, J. (2019). Subprocedimientos de VBA de Excel: el tutorial
    completo. Obtenido de https://powerspreadsheets.com/vba-
    sub-procedures/

Instrucciones condicionales de VBA. (2019). Obtenido de
https://www.excelfunctions.net/vba-conditional-
statements.html

Instrucciones condicionales en VBA de Excel: If, Case, For, Do
Loops. (2019). Obtenido de https://analysistabs.com/excel-
vba/conditional-statements/

Instrucciones condicionales en VBA de Excel: If, Case, For, Do
Loops. (2019). Obtenido de https://analysistabs.com/excel-
vba/conditional-statements/

Introducción a VBA — El gurú de la hoja de cálculo. (2019).
Obtenido de https://www.thespreadsheetguru.com/getting-
started-with-vba/

Introducción al Tutorial de VBA de Excel: Cómo comenzar. (2019).
Obtenido de http://www.easyexcelvba.com/introduction.html

Kelly, P. (2019). Cómo extraer fácilmente de cualquier cadena sin
usar VBA InStr - Excel Macro Mastery. Obtenido de
https://excelmacromastery.com/vba-
instr/#Example_3_Checkif_a_filename_is_valid

Kelly, P. (2019). La Guía definitiva para funciones de cadena VBA -
Dominio de macros de Excel. Obtenido de
https://excelmacromastery.com/vba-string-
functions/#How_To_Use_Compare

Kelly, P. (2019). La Guía definitiva para funciones de cadena VBA -
Dominio de macros de Excel. Obtenido de
https://excelmacromastery.com/vba-string-
functions/#Searching_Within_a_String

Leer u obtener datos de la celda de la hoja de trabajo a VBA en Excel - ANALYSISTABS - Innovando herramientas impresionantes para el análisis de datos!. (2019). Obtenido de https://analysistabs.com/excel-vba/read-get-data-from-cell-worksheet/

Lógica condicional en VBA. (2019). Obtenido de http://codevba.com/learn/condition_statements.htm#.W-UNZ5MzbIU

Manejo de errores en VBA. (2019). Obtenido de http://www.cpearson.com/excel/errorhandling.htm

Manipulación de cadenas en VBA de Excel. (2019). Obtenido de https://www.excel-easy.com/vba/string-manipulation.html

Mathier, S. (2019). Curso VBA: Introducción. Recuperado dehttps://www.excel-pratique.com/en/vba/introduction.php

MS Excel: Cómo utilizar la instrucción IF-THEN-ELSE (VBA). (2019). Obtenido de https://www.techonthenet.com/excel/formulas/if_then.php

Subprocedimiento de VBA. (2019). Obtenido de https://www.tutorialspoint.com/vba/vba_sub_procedure.htm

Variables en VBA de Excel. (2019). Obtenido de https://www.excel-easy.com/vba/variables.html

VBA Primer (Excel). (2019). Obtenido de http://mcise.uri.edu/jones/ise325/vba%20primer.htm

Wells, R. (2019). Declarar variables en VBA - wellsr.com. Obtenido de https://wellsr.com/vba/excel/vba-declare-variable/

www.ingramcontent.com/pod-product-compliance
Lightning Source LLC
Chambersburg PA
CBHW052140070326
40690CB00047B/1278